선생님이 만든

좔좔 글읽기

2권 일기, 생활글

선생님이 만든 좔좔 글읽기 4단계

2권 일기, 생활글

초판 1쇄 2016년 3월 7일
초판 2쇄 2021년 9월 3일

지은이 서울경인특수학급교사연구회

펴낸이 방영배
디자인 신정난
펴낸곳 다음생각

주소 경기도 고양시 일산동구 중앙로 1261번길 19 호수광장빌딩 204호
전화 031-903-9107 **팩스** 031-903-9108 **이메일** nt21@hanmail.net
출판등록 2009년 10월 6일 제 2019-000144호
인쇄·제본 (주)현문자현 **종이** 월드페이퍼
ISBN_**(전 4권)** 978-89-98035-43-3 (64700)

책이 나오기까지

〈서울경인특수학급교사연구회〉는 통합교육과 특수교육의 여건이 제대로 마련되지 않았던 90년대 초에 서울, 경기, 인천의 초등학교 특수학급 교사들이 모인 이래 지금까지 계속되고 있는 연구 모임입니다. 그동안 함께 모여 공부하고 올바른 교육의 방향에 대해 고민하면서 새로운 통합 프로그램 등을 만들어 보급해 왔습니다. 어떻게 하면 좋은 수업을 할 수 있을지 연구하여 여러 가지 수업 자료를 개발하기도 했습니다. 『선생님이 만든 좔좔 글읽기』도 이런 고민과 연구 과정을 거쳐 나온 책입니다.

읽기를 배우는 데 오랜 시간이 걸리는 아이들의 경우 좋은 교재와 다양한 방법으로 가르쳐야 함에도 마땅한 자료와 프로그램이 없어 고민이 많았습니다. 그래서 연구회 교사들은 2010년부터 국어 교육에 관한 연수를 들으며 국어 교육과정을 분석하고 국어의 각 영역별 목표 체계를 정리했습니다. 회원들이 각자의 국어 수업 사례를 발표하며 좋은 국어 수업 방법에 대해 고민한 끝에 2012년에 읽기 이해력 향상을 위한 자료를 만들었습니다. 총 25명의 현장 교사들이 직접 글을 쓰고, 읽기 이해 문제와 관련 활동지를 만들었습니다. 이 읽기 교재를 수업에 활용해 보니 아이들이 흥미 있게 수업에 참여하고 독해력이 향상되는 것을 알 수 있었습니다. 그동안 아이들에게 맞는 자료를 일일이 수정해 만드느라 애썼던 선생님들도 이 자료를 활용해 훨씬 수월하게 활동적인 수업을 할 수 있었다고 합니다.

이 책을 출판하기까지 많은 시간과 노력이 필요했습니다. 그 과정에서 여러 사람들에게 도움을 받았습니다. 덕원예고에서 미술을 전공하는 학생들이 약 1,200컷의 그림을 정성껏 그려 주어 책의 내용이 더욱 풍부해졌습니다. 그리고 도서출판 〈다음생각〉에서 의미 있는 결정을 내려 준 덕분에 이 책이 만들어질 수 있었습니다. 자원봉사로 수고해 준 덕원예고 학생들과 편집 작업에 애써 준 〈다음생각〉 출판사 분들께 깊은 감사를 드립니다.

여러 아이들의 다양한 특성에 맞는 단 하나의 교재란 있을 수 없습니다.
다만 『선생님이 만든 좔좔 글읽기』가 특수학급, 특수학교, 또 다른 교육 현장에서 국어 수업을 좀 더 풍요롭게 할 수 있는 자료가 되면 좋겠습니다. 아이들이 이 책으로 재미있게 공부할 수 있기를 바랍니다.

서울경인특수학급교사연구회

책의 특징

우리나라 아이들은 일찍부터 한글을 배우기 시작하여 초등학교에 들어가기 전에 이미 글을 줄줄 읽는 경우가 많습니다. 이를 반영하듯 초등학교 국어 교과서는 처음에 낱자 학습 및 단어 읽기를 다루다가 난이도가 급격히 높아집니다. 1학년 1학기 말쯤 되면 실제로 10문장 이상의 긴 글을 읽을 수 있어야 수업을 따라갈 수 있습니다. 한글을 깨치지 못한 상태로 입학하는 아이들의 경우 국어 수업에서 어려움을 겪을 수밖에 없습니다. 따라서 이제 막 문장 읽기를 시작하여 글을 유창하게 읽고 이해하는 데까지 많은 시간이 걸리는 학생들의 특성을 고려한 적합한 교재가 필요합니다.

이 교재는 학생의 연령에 맞는 좋은 문장으로 학습자의 속도에 맞게 읽기 이해력을 높일 수 있도록 개발하였습니다. 읽기를 배우는 데 오래 걸리는 아이들도 좋은 글을 읽고, 글에서 정보를 얻고, 글을 읽는 즐거움을 느낄 수 있게 하고자 합니다.

1. 짧은 글을 읽고 내용을 이해할 수 있도록 다양한 활동으로 구성했습니다. 문장 읽기 수준에 있는 학생들은 누구나 이 책으로 독해 공부를 할 수 있습니다. 특수학급이나 특수학교에 재학하는 초·중·고 학생, 읽기에 어려움을 가지고 있는 학습 부진 학생, 한글을 배우기 시작하는 다문화 학생이나 재외교포를 대상으로 하는 한글교실에서도 사용할 수 있습니다.

2. 각 단계는 읽기 이해의 수준별로 분류해 제작하였습니다. 1단계의 목표는 1~2문장을 읽고 이해하는 것이며 마지막 4단계의 목표는 글의 구조를 이해하는 것입니다. 단계에 따라 글의 길이, 문장과 어휘의 난이도, 질문의 난이도가 높아집니다.

3. 다양한 종류의 글을 접하도록 제시하였습니다. 생활글, 실용적 정보를 주는 글, 문학 작품(시, 이야기), 노랫말, 일기, 설명글 등 다양한 글을 통해 읽기 이해력을 높이도록 하였습니다. 초등국어교육과정의 목표와 내용체계를 고려하였고 초등교육과정에서 다루는 주제를 선정하여 교사들이 직접 글을 썼습니다. 그림책이나 시와 같은 문학 작품을 선정한 경우에는 전문을 제시하여 학생들이 문학 작품 전체를 느끼도록 하였습니다. 실생활에서 정보를 주는 글을 바로 읽고 활용할 수 있도록 실용글 읽기를 제시했습니다.

4. 읽기 이해 능력을 중심으로 접근하지만 듣기, 말하기, 쓰기를 함께 배울 수 있도록 다양한 활동을 제시하였습니다. 읽기 이해 능력은 읽기 기술만을 따로 가르치는 것에 의해 향상되지 않으며 다른 영역과 총체적으로 접근하는 것이 바람직하기 때문입니다. '글마중, 신나는 글읽기, 이야기 돋보기, 낱말 창고, 우리말 약속, 뽐내기'라는 꼭지를 두어 활동적인 수업이 되도록 제시하였습니다.

5. 읽기를 천천히 배우는 아이들의 특성을 고려하여 충분히 공부할 수 있도록 단계를 세분화하였습니다. 학생들의 연령과 특성에 맞게 선택하여 제시할 수 있도록 같은 수준의 자료를 다양하게 준비하였습니다.

책의 구성

글마중

'글마중'에는 배워야 할 전체 본문을 제시했습니다. 읽기가 서툴러 짧은 글을 읽는 아동이라 하더라도 국어 교육 목표에 따라 문학 작품 등을 부분만 제시하는 것은 바람직하지 않습니다. 아직 술술 읽는 것이 어렵지만 읽기를 재미있게 받아들일 수 있도록 완성도 있는 짧은 글을 그림과 함께 제시하였습니다.

신나는 글읽기

'신나는 글읽기'에서는 본문의 내용을 쉽게 파악할 수 있도록 글에 관련된 여러 활동을 제시하였습니다. 다양한 방법으로 읽기, 그림으로 전체 내용 파악하기, 내용과 관련된 듣기·말하기 활동 등으로 구성되어 있습니다. 이 꼭지를 통해 아이들은 읽기 활동을 재미있게 느낄 것입니다.

이야기 돋보기

'이야기 돋보기'는 문장의 구조를 활용하여 내용을 파악하기 위한 반복적인 연습문제로 구성되어 있습니다. 본문의 문장을 나누어 제시하고 글의 내용에 관한 질문에 답하도록 문제를 제공하였습니다. 단계에 따라 문장의 길이, 문제의 난이도, 단서 수준, 답을 쓰는 방법을 달리하였습니다.

낱말 창고

'낱말 창고'에서는 본문에 있는 낱말 중 어려운 낱말을 선정하여 낱말 뜻 익히기나 쓰기 활동, 맞춤법, 어휘 관련 활동을 제시하였습니다. 본문의 낱말과 관련된 여러 어휘를 제시하여 어휘력 향상을 꾀하였습니다.

뽐내기

'뽐내기'는 본문과 관련된 다양한 쓰기와 표현 활동으로 구성하였습니다. 반복적인 쓰기 연습만으로는 아이들 스스로 쓰기 표현을 즐길 수 없습니다. 글마중의 내용과 관련된 쪽지도 쓰고, 그림도 그리고, 만들기도 하면서 쓰기를 즐겁게 느낄 것입니다. 1단계에서 문장 완성하기부터 시작하여 마지막 단계에서는 글의 주제와 종류에 따라 글을 쓰는 방법까지 다루게 됩니다.

우리말 약속

'우리말 약속'에서는 아이들이 익혀야 하는 말본지식(문법)을 이해하기 쉽게 제시하고 반복 연습을 통해 익히도록 합니다. 자모음 체계 익히기, 품사와 토씨(조사) 등의 문장구조 익히기, 어순대로 쓰기, 이음말(접속사) 익히기 등 말본지식을 활용할 수 있도록 다양한 활동을 제시합니다.

책의 꼭지 활용 방법

👩 〈글마중〉에 나온 글을 다양한 방법으로 읽게 해 주세요. 적당한 속도로 정확하게 읽을 수 있어야 글의 내용을 이해할 수 있습니다. 문장을 읽기 시작한 아이들의 경우 소리 내어 읽는 것은 매우 중요합니다. 자기가 읽은 것을 들으며 읽은 내용을 이해하기 때문입니다. 눈으로 읽은 것을 바로 이해하는 묵독을 할 수 있는 단계가 되기 전까지는 다양한 방법으로 소리 내어 읽는 활동을 많이 해 보는 것이 좋습니다. 읽기의 유창성과 정확도를 높이면 읽기 이해력도 향상됩니다.

　읽어 주는 것 듣기, 교사가 한 문장이나 한 구절씩 읽으면 따라 읽기, 중요한 단어나 구절만 따로 읽기, 입 맞추어 함께 읽기, 구절 나누어 읽기, 번갈아 읽기, 돌아가며 읽기, 혼자 읽기 등의 방법을 활용하면 좋습니다. 아이가 읽은 것을 녹음해 다시 듣게 하거나 친구와 서로 읽어 주는 방법도 동기 유발에 좋습니다.

👩 〈신나는 글읽기〉와 〈뽐내기〉는 표현 활동이므로 학습지만 활용할 것이 아니라 실제 활동을 통해 익히도록 해 주세요. 노래를 함께 부르고, 동작을 만들어 보세요. 주제와 관련하여 말하기, 동작, 음률, 미술, 몸짓, 놀이 등 다양한 표현 활동과 연계하여 활동적인 수업을 해 보세요. 이렇게 통합적으로 접근하면 아이들의 자유로운 표현 능력이 향상되고 흥미 있게 참여할 것입니다. 다양한 활동을 통해 자연스럽게 말하기, 쓰기 표현 능력이 향상될 수 있도록 연계하여 지도할 수 있습니다.

👩 〈이야기 돋보기〉는 이해 목표에 따른 반복 활동으로 연습을 할 수 있게 되어 있습니다. 문장 단서와 그림 단서를 활용하는 방법을 알려 주세요.

지도 교사 도우미

👩 〈꼭지별 내용 체계〉는 주제에 관한 꼭지 구성이 어떻게 되어 있는지 한눈에 볼 수 있도록 표로 정리되어 있습니다. 수업 계획을 세울 때 활용하거나 평가할 때 체크리스트로 사용해도 좋을 것입니다.

👩 〈좀 더 활용해 보세요〉는 각 권에서 다루고 있는 글의 종류를 가르치는 방법이나 참고사항 등을 정리했습니다.

4단계 1권 〈실용글〉	실생활에 도움이 되는 기능적 읽기 지도
4단계 2권 〈일기, 생활글〉	차근차근 시작하는 생활글 쓰기
4단계 3권 〈시, 옛이야기〉	시와 친해지기
4단계 4권 〈설명글, 주장글〉	읽기 이해력을 향상시키기 위한 어휘 지도

👩 선생님께 한마디 에는 교사가 참고할 만한 지도 방법을 학습지 하단에 제시했습니다.

4단계의 목표와 내용 구성

★ 4단계는 글의 종류에 따라 4권의 책으로 엮었습니다.
  - 4단계 1권은 주변 생활에서 흔히 볼 수 있는 광고, 안내문, 설명서 등 실용글로 구성했습니다.
  - 4단계 2권은 일기와 생활글로 구성했습니다.
  - 4단계 3권은 시와 옛이야로 구성했습니다.
  - 4단계 4권은 설명글과 주장글로 구성했습니다.
★ 4단계의 목표는 다음과 같습니다. 단, 제시 방법에 따라 목표를 조정할 수 있습니다.
  - 읽기 : 7~10문장 이상의 짧은 글을 읽고 내용을 파악할 수 있다.
         한 문단 이상의 글을 읽고 주요 내용과 글의 구조를 파악할 수 있다.
  - 듣기·말하기 : 주제에 맞게 주요 내용을 말하고 자신의 의견을 말할 수 있다.
         바른 어법으로 새로운 어휘를 익혀 바르게 사용할 수 있다.
  - 쓰기 : 주제에 맞게 간단한 생활글을 스스로 구성해 쓸 수 있다.
  - 문학 : 글을 읽고 주요 정보를 얻고 글쓴이가 말하고자 하는 바를 파악할 수 있다.
         문학작품을 읽으며 즐거움을 느끼고 다양한 작품을 선택해 읽을 수 있다
  - 문법 : 철자규칙, 문장부호, 문장호응관계에 맞게 쓸 수 있다.
         문장을 자세히 쓰는 방법을 알고 이음말을 바르게 쓸 수 있다.

전체 구성	1권 〈실용글〉	2권 〈일기, 생활글〉	3권 〈시, 옛이야기〉	4권 〈설명글, 주장글〉
글마중	글마중에 실려 있는 본문은 7~10문장 이상의 짧은 글로 제시하였습니다. 1권은 실제 흔히 볼 수 있는 안내문, 광고, 매뉴얼에서 정보를 얻는 방법을 배우는 것에 초점을 두었습니다. 2권은 실제 아이들이 쓴 다양한 일기와 생활글을 제시하여 간단한 생활글을 주제에 맞게 쓸 수 있도록 했습니다. 3권은 시와 옛이야기를 통해 문학의 즐거움을 느끼도록 했습니다. 4권은 다양한 주제의 설명글을 제시해 주요 내용과 글의 구조를 파악하도록 했습니다. 또한 짧은 주장글을 통해 주요 의견과 근거를 찾는 방법을 익히도록 했습니다.			
신나는 글읽기	본문의 전체 내용을 표에 채워 써 봄으로써 글의 내용을 파악하도록 했습니다. 글과 관련된 사전 지식, 관련활동을 재미있게 제시했습니다.			
이야기 돋보기	글마중의 본문을 한 문단 이상이나 전체로 제시하고 주요 내용에 관한 질문에 스스로 답하도록 했습니다. 글의 구조를 파악하도록 다양한 이해 전략을 제시했습니다.			
낱말 창고	본문에 나오는 기본 어휘나 기본 어휘와 관련된 새로운 어휘를 확장해 익히도록 했습니다.			
우리말 약속	1권에서는 철자규칙에 맞게 바르게 쓰기를, 2권에서는 문장부호와 문장종류, 높임말쓰기, 문장호응, 고쳐쓰기를 3권에서는 구와 문장으로 자세히 표현하기(안은 문장 익히기), 4권에서는 이음말과 이어진 문장 쓰기를 배울 수 있도록 했습니다.			
뽐내기	아이들이 쓴 다양하고 재미있는 생활글을 접함으로써 생활글 쓰는 방법을 자연스럽게 배우도록 했습니다. 주제에 대해 쓰고 싶은 내용을 스스로 구성할 수 있도록 쓰기 전 활동을 제시했습니다.			

2권 일기, 생활글

종류	글마중	신나는 글읽기	이야기 돋보기	낱말 창고	뽐내기	우리말 약속
일기	전학 온 친구 민규	일기의 구성요소 익히기 (날짜, 날씨, 제목)	글 읽고 내용에 관한 질문에 답하기 제목과 관련 없는 문장 찾기	겉모습을 설명하는 표현 익히기	단짝 친구 소개하는 글쓰기	문장부호 - 마침표, 물음표, 느낌표, 쉼표, 줄임표, 따옴표 문장의 종류 - 설명하는 문장, 시키는 문장, 묻는 문장, 요청하는 문장, 느낌을 표현하는 문장
	수상한 아저씨	날씨를 표현하는 다양한 표현 익히기	글 읽고 내용에 관한 질문에 답하기 제목과 관련 없는 문장 찾기 내용 간추리기	감정이나 느낌을 나타내는 표현 익히기	하루 동안 있었던 일 중 하나를 골라 시간의 순서에 따라 글쓰기	
	귀여운 달님이가 알을 낳다	글을 읽고 글의 내용을 상상하여 그리기	글 읽고 내용에 관한 질문에 답하기 자세히 묘사한 글 찾기	촉감이나 감촉을 나타내는 표현 익히기	반려동물에 대해 그림을 그리 듯 자세히 글쓰기	
	발명왕 에디슨	에디슨의 발명품 알아보기	글 읽고 내용에 관한 질문에 답하기 글을 구조 알아보기	위인, 업적, 위인전 위인과 업적 조사해 쓰기	읽은 책을 글감으로 글쓰기	예사말과 높임말 - 높임을 나타내는 방법 - 높임말을 잘 못 사용하는 경우
	승일이의 돌잔치	돌잡이에 쓰이는 물건 그려보기	글 읽고 내용에 관한 질문에 답하기 글에서 생각이나 느낌을 쓴 부분 찾기	돌잡이에 사용되는 물건과 의미 알아보기	느낌을 넣어 자세하게 운동회를 글감으로 글쓰기	
	경주 나들이	경주의 문화재 알기	글 읽고 내용에 관한 질문에 답하기 기행문 형식 알아보기	문화재 이름 알기	현장체험 학습 갔던 경험을 떠올리며 글쓰기	

종류	글마중	신나는 글읽기	이야기 돋보기	낱말 창고	뽐내기	우리말 약속
생활글	봄	인상적인 장면 그림 그리기	글 읽고 내용에 관한 질문에 답하기 글에서 맛을 표현한 문장 찾기	음식 맛을 표현하는 말	좋아하는 음식에 관한 글쓰기	문장의 호응관계 - 짝을 이루었을 때 자연스러운 문장 - 함께 써야 어울리는 말
	해물탕					
	심부름		글 읽고 내용에 관한 질문에 답하기 글에서 재미있는 표현 찾기	반대말 익히기	부모님을 도와드린 경험에 관한 글쓰기	
	엄마와 나물					
	차별		글 읽고 내용에 관한 질문에 답하기 글쓴이 마음을 헤아리며 글 읽기	비슷한 말 익히기	속상했던 일에 관한 글쓰기	
	벌					
	까치와의 전쟁		글 읽고 내용에 관한 질문에 답하기 장면이 생생하게 그려진 부분 찾기	포함하는 낱말 익히기	내 주변의 동물에 관한 글쓰기	
	병아리와의 이별					
	결혼기념일	대화하는 부분을 찾아 실감나게 읽기	글 읽고 내용에 관한 질문에 답하기 글에서 대화하는 부분 찾기		따옴표를 살려 생생하게 글쓰기	
	방석					
	대청소					
	내 얼굴에 있는 점		글 읽고 내용에 관한 질문에 답하기 속마음을 표현한 부분, 재미있게 표현한 부분 찾기	마음이 안 좋을 때 쓰는 표현 익히기	내 몸이나 겉모습에 대한 고민을 글로 나타내기	틀린 문장 고쳐 쓰기 - 문장순서 - 토씨 - 시제 - 꾸밈말 - 높임법 - 문장호응 - 맞춤법
	시험은 다가오는데 내 머리는 텅텅 비었다	대화 부분 찾아서 표시하고 실감나게 읽기	글 읽고 내용에 관한 질문에 답하기 글쓴이가 느끼는 어려움을 잘 표현한 부분 찾기	'소리'가 붙는 여러 가지 낱말	내 마음을 힘들게 하는 일에 대한 글쓰기	

좀 더 활용해 보세요

✏️ 차근차근 시작하는 생활글 쓰기

4단계의 2권은 일기와 생활글을 담고 있습니다. 아이들의 삶에서 일어나는 여러 가지 일이 모두 생활글 글감이 될 수 있기에 생활글 범위는 매우 다양합니다. 이 교재는 글을 읽고 이해하기에 중점을 두고 있지만 말과 글을 따로 생각할 수는 없습니다. '뽐내기' 꼭지에서 쓰기 활동을 많이 제시한 이유도 읽기와 쓰기를 함께 엮어내기 위해서입니다. 그렇다면 글쓰기 지도는 어떻게 하는 것이 좋을까요?

① 말과 글을 어떻게 연결할까?

문자언어만을 두고 생각했을 때, 보통은 읽기가 어느 정도 가능해야 쓰기를 할 수 있다고 봅니다. 우리가 외국어를 배울 때 작문을 가장 어려운 단계로 인식하는 이유는 문자언어와 음성언어의 차이 때문입니다. 말을 할 때는 문장의 형식을 갖추지 않고 기본적인 낱말 나열만으로도 의사소통이 가능한 경우가 많습니다. 그러나 글쓰기는 최소한의 문장 형식을 갖추어 써야 한다는 부담이 따르게 됩니다.

말이 곧 글이고, 글이 곧 말임을 인식하는 과정

어떤 아이들은 말로 어느 정도 의사표현을 하는데도 자신이 말한 것을 글로 나타내기를 어려워합니다. 기본적인 철자법을 알고 있어도 낱말이 아닌 문장을 쓰라고 하면 막연히 어려움을 나타냅니다. 이런 아이들은 말이 곧 글이고 글이 곧 말임을 인식할 수 있는 과정이 필요합니다. 교사가 아이들의 말을 그대로 적어서 보여주면 글쓰기를 쉽게 생각할 수 있습니다. 박문희 선생님은 유아교육 현장에서 오랫동안 '마주이야기' 교육을 실천하며 '들어주기'의 중요성을 강조하였습니다. 교사가 아이들의 말을 들어주려고 애쓸수록 당연히 아이들은 더 많이 말하게 됩니다. 아이들의 살아있는 말을 그대로 공책, 칠판, 교실 게시판에 적어두면 아이들이 관심을 갖게 되고, 특히 그 말을 한 아이는 말과 글이 연결되는 경험을 자연스럽게 하게 됩니다. 이때 '살아있는 말'이란 표현은 아이의 말을 조금도 각색하지 않고 토씨 하나까지 그대로 옮겨 적어야 함을 뜻합니다.

말을 자연스럽게 글로 옮기는 과정

말을 제법 유창하게 하는데 말한 대로 적는 것이 어려운 아이들이 있습니다. 뭔가 쓰긴 쓰는데 '말이 안 되게' 비문을 써놓는 경우가 많습니다. 예를 들어 임자말과 풀이말이 어색하게 이어졌거나 완성되지 않은 문장을 많이 씁니다. 이럴 때는 소리 내어 말하면서 쓰는 연습을 많이 하는 것이 좋습니다. 쓰기 활동을 꼭 조용한 분위기에서 해야 할 필요는 없습니다. 교사와 학생이 일대일로 수업하는 경우를 비롯해 다른 사람에게 방해가 되지 않는 환경이라면 얼마든지 소리 내어 말하며 쓸 수 있도록 해줍니다. 교사가 말하며 문장을 다듬는 과정을 직접 보여주는 것도 도움이 될 것입니다. 문장을 쓰고 나서 바로 소리 내어 읽어보면 아이들 스스로 어색한 부분을 발견하여 다시 쓰기도 합니다.

본격적인 글쓰기를 하는 과정

한두 문장을 힘들게 쓰던 과정을 지나서 짧은 분량이나마 '글'이라고 부를 만한 것을 쓰기 시작하면 글쓰기에 앞서 준비할 것도 많아집니다. 보통 글을 쓰기 전에 이야기를 나누며 쓸 거리를 떠올리고, 그것을 생각그물이나 간단한 개요로 나타낸 뒤에 본격적으로 글을 쓰도록 합니다. 주말 이야기를 쓸 때도 토요일과 일요일에 있었던 일을 말하고 나서, 그중에 글감을 고르고 그 일을 어떻게 쓸지 생각해본 뒤에 글쓰기를 시작하게 되지요. 글쓰기 준비 과정에서 교사의 안내가 필요합니다. 단서가 될 만한 적절한 질문을 던지거나 개요 잡기의 틀을 제시하여(이 책의 뽐내기에 나온 것처럼) 도움을 줄 수 있습니다.

그런데 이런 준비 과정을 거쳐 막상 글을 쓰기 시작하면 조금 전에 이야기한 내용(또는 개요로 쓴 내용)과 다르게 엉뚱한 내용을 쓰는 경우가 종종 있습니다. 이럴 때는 생각그물이나 개요 등을 써놓고 넘어가지 말고 그것을 옆에 두고 보면서 글을 쓰도록 하고, 아이가 원래 쓰려고 했던 내용을 되새기는 질문을 해주어야 합니다. 그리고 MP3나 휴대폰을 이용해 아이들의 말을 녹음해도 좋습니다. 녹음한 것을 한 두 문장씩 끊어서 들으며 적는 연습을 합니다. 그렇게 하면 관계없는 문장을 쓰는 것을 막을 수 있고, 말을 한 번 다듬어서 문장으로 나타내는 효과도 있습니다.

② 글감은 어떻게 정하면 좋을까?

생활글을 쓸 때 글감 정하기를 어려워하는 경우가 많습니다. 일깃감을 찾지 못하는 아이들은 항상 똑같은 내용의 일기만 씁니다. 여행이나 현장학습을 다녀온 경우, 학교와 가정에 행사가 있었던 특별한 경우를 제외하면 늘 반복되는 일상이라 딱히 글로 쓸 게 없다고 생각하는 것도 당연합니다. 특별한 일만 글로 쓰는 게 아님을, 일상생활의 모든 일이 글감이 될 수 있음을 인식하는 경험이 필요합니다. 별거 아닌 일이라고 생각했던 것도 글로 자세하게 풀어낼 수 있음을 알아야 하고, 그러려면 결국 다른 사람들이 쓴 글을 많이 읽어봐야 합니다.

아이들이 쓴 시를 모아놓은 시집을 자주 읽어보는 게 도움이 됩니다. 시는 운문의 형식을 띠고 있지만 낯설게 느끼지 않을 것입니다. 오히려 글자 수가 적다는 것 때문에 아이들이 부담 없이 읽을 수 있습니다. 시집의 차례(목차)를 보면 제목만으로도 글감을 추측하기 쉽고, 시집 한 권에서 아이들의 생활과 관련된 다양한 글감을 다루기 때문에 너욱 좋습니다. 또래 아이들이 쓴 시를 읽으며 재미있다고 웃기도 하고, 시를 쓴 사람에 대해 궁금해하기도 합니다. 학급 문집처럼 아이들이 쓴 글을 모아놓은 것을 읽을 수도 있습니다. 출판된 자료가 아니라도 좋습니다. 아이들은 자기가 아는 사람들이 쓴 글에 많은 관심을 보입니다. 교사가 쓴 글을 본보기로 제시하거나 선배들이 예전에 쓴 글을 보여주면 흥미를 갖고 읽게 됩니다. 그러려면 학생들이 쓴 글을 잘 보관해두는 게 필요합니다.

다른 사람들이 쓴 다양한 글들을 읽고 나면 아이들과 함께 이야기를 나눠보세요. 그 글에서 구체적으로 어떤 부분이 재미있는지, 왜 재미있다고 느꼈는지 이야기하며 자신의 경험과 연결해서 생각해보도록 하는 것입니다. 이런 것이 쌓이다 보면 글을 쓸 거리가 자연스럽게 생기게 됩니다. 말과 글이 하나이듯, 읽기와 쓰기도 연결되어 있습니다. 글을 읽으며 재미와 감동을 느껴야 나도 뭔가 쓰고 싶다는 생각을 하게 됩니다.

※ 읽어보면 좋은 책들

- 〈마주이야기, 아이는 들어주는 만큼 자란다〉 **박문희 지음 / 보리**
- 〈7인 7색 국어수업 이야기〉 **전국초등국어교과모임 지음 / 에듀니티**
- 〈새들은 시험 안 봐서 좋겠구나〉 **한국글쓰기교육연구회 엮음 / 보리**
- 〈이빨 뺀 날〉, 〈비교는 싫어!〉 **이영근 엮음 / 우리교육**
  (이 외에도 아이들이 쓴 시나 글을 엮은 책이 많이 있습니다.)

마음대로
그려 보세요

선생님이 만든 좔좔 글읽기

2권

일기, 생활글

성민이 일기

○○○○년 5월 25일 월요일 날씨: 보슬비

제목: 전학 온 친구 민규

민규라는 아이가 제주도에서 전학을 왔다. 민규 아빠가 서울로 발령을 받아서 민규 가족도 모두 이사를 왔다고 한다.

전학을 오기 전에는 조금만 걸어가면 바닷가가 나오는 학교에 다녔다고 한다. 제주도에서는 수업을 마치고 친구들과 바다에서 수영도 하고, 모래사장에서 모래성도 만들며 놀았다고 했다. 정말 부러웠다.

검정 안경을 쓴 민규는 키가 크고 잘생겼다. 축구를 좋아한다고 자기소개를 했다. 축구선수 손흥민을 가장 좋아한다고 했다. 발표하는 목소리도 씩씩했다.

나는 새로 전학 온 민규가 마음에 든다. 민규랑 친해져서 점심시간에 함께 축구를 하고 싶다.

월   일   요일   확인

 아래와 같은 방법으로 글마중을 읽어 보세요.

① 내용을 생각하며 성민이의 일기를 읽어 봅시다.
② 전학 온 민규의 모습을 상상하며 읽어 보세요.
③ 민규와 함께 축구하는 모습을 상상하며 읽어 보세요.

 글마중을 읽고 일기에 꼭 들어가야 하는 내용을 찾아 알맞게 써 보세요.

날짜	
날씨	
제목	

 글마중에서 설명에 맞는 부분을 찾아 알맞은 색으로 밑줄을 그어 보세요.

오늘 있었던 일	빨간색
민규가 전학 온 이유	연두색
제목	하늘색
민규 외모	
민규에 대한 내 생각	주황색

 다음 글을 읽고 알맞은 답을 고르거나 쓰세요.

제목: 전학 온 친구 민규

(가) 민규라는 아이가 제주도에서 전학을 왔다.

(나) 민규 아빠가 서울로 발령을 받아서 민규 가족도 모두 이사를 왔다고 한다.

(다) 전학을 오기 전에는 조금만 걸어가면 바닷가가 나오는 학교에 다녔다고 한다. 제주도에서는 수업을 마치고 친구들과 바다에서 수영도 하고, 모래사장에서 모래성도 만들며 놀았다고 했다. 정말 부러웠다.

(라) 검정 안경을 쓴 민규는 키가 크고 잘생겼다. 축구를 좋아한다고 자기소개를 했다. 축구선수 손흥민을 가장 좋아한다고 했다. 발표하는 목소리도 씩씩했다.

(마) 나는 새로 전학 온 민규가 마음에 든다. 민규랑 친해져서 점심시간에 함께 축구를 하고 싶다.

(바) 오늘 점심 급식으로 나온 돈가스가 맛있었다.

1. 이 글의 제목은 무엇인가요?

   _____

2. 민규가 전학을 온 이유는 무엇인가요?

   _____

3. 민규가 다녔던 학교에 대한 설명이 <u>아닌</u> 것은? ·················· (   )

　　① 제주도에 있다.
　　② 학교에서 조금만 걸어가면 바닷가가 나온다.
　　③ 민규네 학교는 씨름부가 유명한 학교다.
　　④ 친구들과 바닷가에서 수영을 하며 놀았다.

4. 사전에서 '발령'의 뜻을 찾아 써 보세요.

　　발령 :
　　_____

5. 민규에 대한 설명 중 <u>틀린</u> 것은? ························· (   )
　　① 키가 크고 잘생겼다.　　② 검정 안경을 썼다.
　　③ 노래부르기를 좋아한다.　　④ 목소리가 씩씩하다.

6. 글쓴이가 민규와 함께 하고 싶은 것은 무엇인가요?

　　_____

7. 성민이가 쓴 일기로 미루어 생각할 때 민규에 대한 성민이의 첫인상은
　　어떤 것 같나요? ································· (   )

　　① 민규가 키가 커서 무서워하는 것 같다.
　　② 민규에게 호감을 느끼는 것 같다.
　　③ 민규에게 별로 관심이 없다.
　　④ 민규가 잘난 척을 많이 해서 싫어하는 것 같다.

8. (가)~(바) 중에서 제목과 어울리지 않는 부분은 무엇인가요? 그리고
　　그렇게 생각한 이유는 무엇인가요?

　　_____

다음 글을 읽고 아래 표를 완성하세요.

제목: 전학 온 친구 민규

(가) 민규라는 아이가 제주도에서 전학을 왔다.

(나) 민규 아빠가 서울로 발령을 받아서 민규 가족도 모두 이사를 왔다고 한다.

(다) 전학을 오기 전에는 조금만 걸어가면 바닷가가 나오는 학교에 다녔다고 한다. 제주도에서는 수업을 마치고 친구들과 바다에서 수영도 하고, 모래사장에서 모래성도 만들며 놀았다고 했다. 정말 부러웠다.

(라) 검정 안경을 쓴 민규는 키가 크고 잘생겼다. 축구를 좋아한다고 자기소개를 했다. 축구선수 손흥민을 가장 좋아한다고 했다. 발표하는 목소리도 씩씩했다.

(마) 나는 새로 전학 온 민규가 마음에 든다. 민규랑 친해져서 점심시간에 함께 축구를 하고 싶다.

제목:

일어난 일	(가)
민규에 대한 설명	(나)
	(다)
	(라) _____ 축구를 좋아하고, 축구선수 손흥민을 좋아함
민규에 대한 내 생각	(마)

월   일   요일   확인

 그림을 보고 모습을 설명하는 표현을 아래 〈보기〉에서 골라서
알맞게 글을 써 보세요.

〈보기〉

귀엽다.   머리가 길다.   얼굴이 까무잡잡하다.   머리핀을 했다.

모자를 썼다.   머리카락이 짧다.   예쁘다.   고양이 인형을 안고 있다.

머리를 묶었다.   가방을 메고 있다.   화분을 들고 있다.

나와 가장 친한 친구를 소개하는 글을 써 보세요.

제목: 내 친구 _____

(개) _____(이)는 나랑 가장 친한 단짝 친구이다.

(나) _____(이) 소개하기

외모	
성격	
좋아하는 것	

(다) _____(이)에 대한 내 생각

_____

_____

친구를 떠올리며 자세히 글을 써 봅시다.
그 친구에 대한 이야기만 씁니다.

월   일   요일   확인

 나와 가장 친한 친구를 글감으로 하여 소개하는 글을 써 보세요.

제목:

민지 일기

○○○○년 6월 9일 금요일 날씨: 아침엔 비, 저녁엔 맑음

제목: 수상한 아저씨

학교에서 집으로 돌아오는데 누가 자꾸만 나를 따라오는 것 같았다. 뒤를 돌아보니 어떤 아저씨가 보였다. 기분이 이상했다. 좀 무서운 느낌이 들었다.

나는 집 앞에 있는 빵집으로 들어가서 엄마한테 전화를 했다. 엄마가 한참 동안 전화를 받지 않아서 가슴이 조마조마 했다.

'띠리리리리리~, 띠리리리리리~, 띠리리리리리~.'

'아저씨가 빵집으로 따라 들어오면 어떡하지?'

드디어 엄마가 전화를 받았다. 다행히 엄마가 빵집으로 데리러 오셨다. 엄마도 걱정이 많이 되셨는지 헐레벌떡 뛰어오셨다. 엄마 얼굴을 보자 참았던 울음이 터졌다.

오늘은 엄마가 집에 있어서 다행이다. 그런데 엄마가 집에 없으면 어떡하지? 내일도 아저씨가 따라올까 봐 걱정이다.

아래와 같은 방법으로 글마중을 읽어 보세요.

① 내용을 생각하며 민지의 일기를 읽어 보세요.
② 수상한 아저씨가 따라오면 어떤 느낌일지 상상하며 읽어 보세요.
③ 나라면 어떻게 할지 생각하며 읽어 보세요.

 날씨를 나타내는 다양한 표현을 알아보고 질문에 답하세요.

일기를 쓸 때 날씨를 어떻게 쓰나요?

민지는 '아침엔 비, 저녁엔 맑음' 이라고 썼네요. 민지가 일기를 쓴 날처럼 하루에도 여러 번 날씨가 바뀌는 날도 있어요.

맑은 날도 여러 가지가 있지요. 바람이 솔솔 불면서 맑은 날, 구름 한 점 없는 맑은 날, 햇볕이 쨍쨍 맑은 날.

우리도 민지처럼 날씨를 다양하게 표현해 볼까요?

1. 비오는 날을 떠올리면서 다양하게 표현해 보세요. 소리 없이 조용히 비 오는 날도 있고, 바람이 세차게 불면서 비 오는 날도 있어요. 잠시 비가 왔다가 금방 그치는 날도 있죠. 어떻게 표현하면 좋을까요?

_____

_____

2. 바람이 부는 날을 떠올리면서 날씨를 다양하게 표현해 보세요.

_____

_____

다음 글을 읽고 알맞은 답을 고르거나 쓰세요.

제목: 수상한 아저씨

(가) 학교에서 집으로 돌아오는데 누가 자꾸만 나를 따라오는 것 같았다. 뒤를 돌아보니 어떤 아저씨가 보였다. 기분이 이상했다. 좀 무서운 느낌이 들었다.

(나) 나는 집 앞에 있는 빵집으로 들어가서 엄마한테 전화를 했다. 엄마가 한참 동안 전화를 받지 않아서 가슴이 조마조마 했다.
  '띠리리리리리~, 띠리리리리리~, 띠리리리리리~.'
  '아저씨가 빵집으로 따라 들어오면 어떡하지?'
  드디어 엄마가 전화를 받았다. 다행히 엄마가 빵집으로 데리러 오셨다. 엄마도 걱정이 많이 되셨는지 헐레벌떡 뛰어오셨다. 엄마 얼굴을 보자 참았던 울음이 터졌다.

(다) 빵집에는 내가 좋아하는 단팥빵과 크림빵이 있었다.

(라) 오늘은 엄마가 집에 있어서 다행이다. 그런데 엄마가 집에 없으면 어떡하지? 내일도 아저씨가 따라올까 봐 걱정이다.

1. 일기의 글감은 무엇인가요?

   _____

2. 글쓴이는 누가 자꾸만 따라오는 것 같을 때 어떤 느낌이 들었나요?(   )

   ① 행복한 느낌이 들었다   ② 설레는 느낌이 들었다.
   ③ 우울한 느낌이 들었다.   ④ 부서운 느낌이 들었다.

3. 수상한 아저씨를 피하기 위해 글쓴이는 어떻게 했나요?

_____

4. (가)~(라) 중에서 제목과 어울리지 않는 부분은 어느 부분인가요? 그렇게 생각한 이유는 무엇인가요?

_____

5. 만약 수상한 아저씨가 나를 따라온다면 어떻게 행동해야 할지 모두 찾아보세요.   (,   ,   )

① 가까운 문구점이나 슈퍼마켓에 들어가 도움을 요청한다.
② 아저씨에게 다가가서 왜 자꾸만 따라 오는지 물어본다.
③ 엄마나 112에 휴대폰으로 전화한다.
④ 좁은 골목에 숨는다.
⑤ 주변을 살펴보고 사람들이 많은 곳으로 간다.

6. 다음 포스터를 보고 〈실종·유괴 예방 지침〉을 큰 소리로 읽어 보세요.

〈실종·유괴 예방 지침〉

1. 이름은 꼭꼭 숨기기
   소지품에 이름, 전화번호는 보이지 않게 안쪽에 쓰세요.

2. 부모님께 허락 받기
   아는 사람이라도 따라가지 말고 부모님께 허락을 받고 가세요.

3. 친구들과 함께 하기
   하굣길에는 친구들과 함께 안전한 길로 다니세요.

4. 도움 요청하기
   낯선 사람이 따라오면 슈퍼나 문구점 등 아동안전지킴이집으로 들어가 도움을 요청하세요.

5. 밝은 길로 다니기
   좁고 어두운 골목길로 가지 말고 밝은 길로 다니세요.

아래 글은 일어난 일을 시간 순서에 따라 자세히 적은 글입니다. (가)~(사) 중 제목과 어울리지 않는 내용을 모두 골라 X 하고, 그 이유를 이야기 해 보세요.

제목: 수상한 아저씨

(가) 오늘 아침에 밥을 먹고 학교에 갔다.

(나) 그런데 지각을 해서 선생님께 혼났다.

(다) 학교에서 집으로 돌아오는데 누가 자꾸만 나를 따라오는 것 같았다. 뒤를 돌아보니 어떤 아저씨가 보였다. 기분이 이상했다. 좀 무서운 느낌이 들었다.

(라) 나는 집 앞에 있는 빵집으로 들어가서 엄마한테 전화를 했다. 엄마가 한참 동안 전화를 받지 않아서 가슴이 조마조마 했다.

(마) 드디어 엄마가 전화를 받았다. 다행히 엄마가 빵집으로 데리러 오셨다. 엄마도 걱정이 많이 되셨는지 헐레벌떡 뛰어오셨다. 엄마 얼굴을 보자 참았던 울음이 터졌다.

(바) 엄마와 마트에 가서 예쁜 구두를 샀다.

(사) 오늘은 엄마가 집에 있어서 다행이다. 그런데 엄마가 집에 없으면 어떡하지? 내일도 아저씨가 따라올까 봐 걱정이다.

일기를 쓸 때에는 글감을 생각하며
그 글감(제목)과 관련된 내용만 씁니다.

'민지 일기'를 읽고 〈보기〉에서 알맞은 문장을 찾아 다음을 완성하세요.

제목:	
일어난 일	수상한 아저씨를 봤다.
일어난 일을 <u>시간 순서에 따라</u> 자세히 쓰기	
내 생각 자세히 쓰기	엄마가 집에 있어서 다행이다.
	내일도 아저씨가 따라올까 봐 걱정이다.

〈보기〉

- 울음이 터졌다.
- 한참 만에 엄마가 전화를 받았다.
- 집 앞 빵집으로 들어가서 엄마한테 전화를 드렸다.
- 엄마가 데리러 오셨다.

아래 문장을 읽고 어울리는 느낌을 〈보기〉에서 골라 쓰세요.

(1) 친구 생일 파티에 초대를 받아서	
(2) 배가 너무 고픈데 밥이 없어서	
(3) 숙제를 집에 놓고 와서	
(4) 우산도 없는데 갑자기 비가 쏟아져서	
(5) 잃어버린 핸드폰을 찾아서	
(6) 집에 할머니가 와 계셔서	
(7) 밤에 자는 동안 도둑이 들까봐	
(8) 설사 때문에 아이스크림을 못 먹어서	

〈보기〉

속상했다.	황당했다.	걱정이 됐다.
설레었다.	실망했다.	화가났다.
괴로웠다.	고마웠다.	날아갈 듯 기뻤다.
당황했다.	행복했다.	조마조마했다.

오늘 하루 동안 어떤 일이 있었나요? 하루 동안 있었던 일 중에서 하나를 골라 시간 순서에 따라 글을 써 보세요.

제목: _____

(가) 일어난 일	
(나) 일어난 일을 시간 순서에 따라 자세히 쓰기	
(다) 내 생각이나 느낌을 자세히 나타내기	

 앞에 정리한 내용을 보고 오늘 있었던 일을 시간 순서에 따라 글로 써 보세요.

제목:

현지 일기

○○○○년 8월 5일 화요일 날씨: 햇볕이 쨍쨍

제목: 귀여운 달님이가 알을 낳다

고모와 혜지 언니가 우리 집에 놀러왔다. 고모와 혜지 언니에게 애완용 달팽이 달님이와 달봉이를 보여주었다.

"이건 뭐지?"

"달팽이 알 아니야?"

흙 밑에 알이 있었다. 동그랗고 하얀 것이 작은 보석 같았다. 작은 알들이 붙어서 뭉쳐 있었다. 한 100개 정도는 낳은 것 같았다. 달팽이 알을 만져 보았는데 말랑말랑했다. 느낌이 이상했다. 나도 모르게 몸이 오싹한 느낌이었다.

고모와 혜지 언니도 달팽이 알은 처음 본다며 신기한 듯 바라보았다. 나도 신기했다. 하지만 달팽이가 알을 낳는 모습을 직접 보지 못해서 아쉬웠다. 새끼 달팽이는 언제쯤 볼 수 있을까? 벌써부터 기대된다.

아래와 같은 방법으로 글마중을 읽어 보세요.

① 내용을 생각하며 현지의 일기를 읽어 보세요.
② 귀여운 달팽이의 모습을 생각하며 읽어 보세요.
③ 우리 집 반려동물을 떠올리며 읽어 보세요.

 글마중을 읽고 달팽이 알의 모습을 상상하여 그려 보세요.

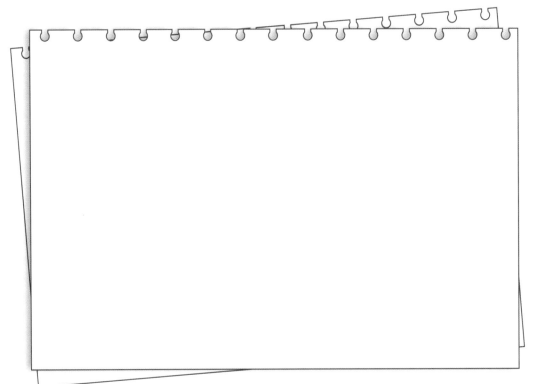

 현지 일기는 달팽이 알의 모습을 자세히 표현해서 재미 있는 글이 되었습니다. 세밀하게 관찰하고 그림을 그리 듯 자세히 표현해 보세요.

다음 글을 읽고 알맞은 답을 고르거나 쓰세요.

제목: 귀여운 달님이가 알을 낳다.

고모와 혜지 언니가 우리 집에 놀러왔다. 고모와 혜지 언니에게 애완용 달팽이 달님이와 달봉이를 보여주었다.

"이건 뭐지?" "달팽이 알 아니야?"

흙 밑에 알이 있었다. 동그랗고 하얀 것이 작은 보석 같았다. 작은 알들이 붙어서 뭉쳐 있었다. 한 100개 정도는 낳은 것 같았다. 달팽이 알을 만져 보았는데 말랑말랑했다. 느낌이 이상했다. 나도 모르게 몸이 오싹한 느낌이었다.

고모와 혜지 언니도 달팽이 알은 처음 본다며 신기한 듯 바라보았다. 나도 신기했다. 하지만 달팽이가 알을 낳는 모습을 직접 보지 못해서 아쉬웠다. 새끼 달팽이는 언제쯤 볼 수 있을까? 벌써부터 기대된다.

1. 위 일기의 글감은 무엇인가요?

_____

2. 달팽이 알에 대해 묘사한 내용으로 <u>잘못</u>된 것은? ⋯⋯⋯ (   )

① 동그랗다.   ② 거무스름하다.

③ 작고 하얗다.   ④ 알들이 붙어서 뭉쳐 있었다.

3. 달팽이 알을 만져보았을 때 느낌은 어땠나요?

_____

4. 글쓴이는 어떤 점이 아쉬웠다고 했나요?

_____

월   일   요일   확인

  (가)와 (나)의 글을 보고 물음에 답하세요.

(가)	제목: 귀여운 달님이가 알을 낳다. 　달님이가 알을 낳았다. 　작고 하얀 알을 낳았다. 　신기했다.
(나)	제목: 귀여운 달님이가 알을 낳다. 　달님이가 알을 낳았다. 　동그랗고 하얀 것이 작은 보석 같았다. 작은 알들이 붙어서 뭉쳐 있었다. 한 100개 정도는 낳은 것 같았다. 달팽이 알을 만져 보았는데 말랑말랑했다. 느낌이 이상했다. 나도 모르게 몸이 오싹한 느낌이었다. 　너무 신기했다. 하지만 알을 낳는 모습을 보지 못해서 아쉬웠다. 새끼 달팽이는 언제쯤 볼 수 있을까? 벌써부터 기대된다.

1. (가)와 (나)의 제목을 찾아 쓰세요.

   (가) : ＿＿＿＿＿＿＿＿＿＿＿＿＿＿＿＿＿＿＿＿

   (나) : ＿＿＿＿＿＿＿＿＿＿＿＿＿＿＿＿＿＿＿＿

2. (가)와 (나)의 글에서 <u>달팽이 알에 대해 묘사</u>한 부분을 노란색 색연필로 밑줄을 치며 읽어 보세요.

3. (가)와 (나) 중에서 달팽이 알에 대해 더 자세히 묘사한 글은 무엇이라고 생각하나요? (   )

4. (가)와 (나)의 글에서 글쓴이의 생각이나 느낌을 나타낸 부분을 연두색 색연필로 밑줄을 치며 읽어 보세요.

5. (가)와 (나) 중에서 글쓴이의 <u>생각이나 느낌</u>을 더 풍부하게 나타낸 글은 무엇이라고 생각하나요? (   )

6. (가)와 (나) 중에서 더 재미있게 쓴 글은 무엇인가요? (   )
그렇게 생각한 이유는 무엇인가요?

_____

_____

7. (가)와 (나) 중에서 어떤 글이 더 잘 썼다고 생각하나요? (   )
왜 그렇게 생각했는지 선생님께 이야기 해 봅시다.

_____

_____

〈 일기를 재미있게 쓰는 법 〉
• 그림을 그리듯 자세히 씁니다.
• 자신의 생각이나 느낌을 다양하게 씁니다.

촉감을 나타내는 낱말을 읽고 떠오르는 물건이나 장면을 넣어
문장을 만들어 보세요.

(1) 까슬까슬하다	아빠 수염이 까슬까슬하다.
(2) 미끌미끌하다	
(3) 푹신푹신하다	
(4) 보들보들하다	
(5) 뻣뻣하다	
(6) 말랑말랑하다	
(7) 물컹물컹하다	
(8) 딱딱하다	

〈보기〉

아빠 수염	고슴도치 가시	거북이 등딱지	깃털
털장갑	소파	아기 피부	침대
물풍선	젤리	얼음판	마룻바닥
밀가루	곰인형	때수건	돌멩이

사진 속의 강아지를 떠올리며 글을 읽어 보세요.

제목: 생일 선물로 받은 복실이

① 아빠가 생일 선물로 강아지를 사 주셨다.

② 하얗고 귀여운 강아지를 사 주셨다. 이름은 복실이라고 지었다.

③ 강아지를 선물로 받아서 기분이 좋다.

 〈보기〉를 참고하여 윗글을 그림을 그리듯 자세하게 고쳐 보세요.

제목: 생일 선물로 받은 복실이

① 아빠가 생일 선물로 강아지를 사 주셨다.

② 하얗고 귀여운 강아지였다. 눈은 _____ 반짝반짝 빛났다.

주머니에 넣고 다녀도 될 정도로 _____.

털이 _____ 복실이라고 이름을 지어 주었다.

머리를 쓰다듬어 주었더니 _____.

③ 복실이와 한집에서 지낼 생각을 하니 가슴이 설렌다.
우리 아빠 최고!!

〈보기〉

부드럽고 복슬복슬해서   새까맣고

아주 작았다.   킁킁대며 좋아했다.

다음 그림 중에서 집에서 키우고 싶은 동물 하나를 골라 생각그물을 완성하세요. 동물을 키우고 있으면 집에 있는 반려동물을 떠올리며 생각그물을 완성하세요.

| 고양이 | 강아지 | 거북이 | 고슴도치 |

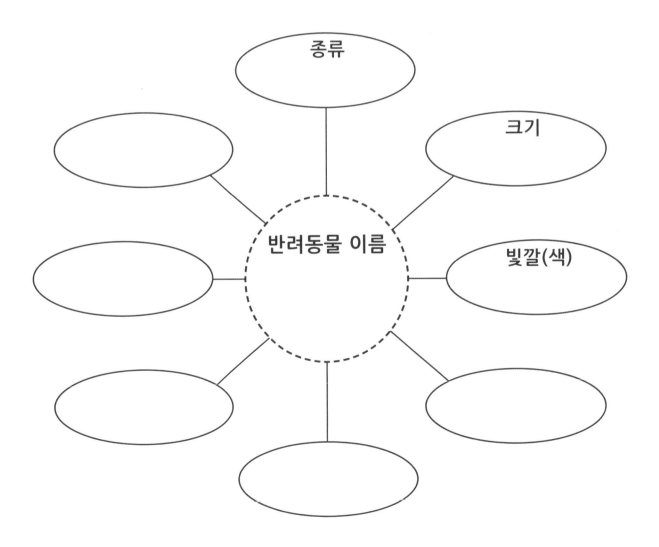

 생각그물로 나타낸 반려동물을 떠올리며 그림 그리듯이 자세히 글을 써 보세요.

제목:

'문장 부호'에 대해 알아봅시다.

글에서 문장의 구조를 드러내거나 글쓴이의 본뜻을 전달하기 위하여 사용하는 부호를 '문장 부호'라고 해요.

✱ **같은 문장이라도 문장 부호에 따라 뜻이 달라져요.**

마침표	물음표	느낌표
밥 먹어 .	밥 먹어 ?	밥 먹어 !
밥을 먹고 있다고 설명함	밥을 먹는지 물어봄	밥을 먹으라고 강하게 명령함

 문장 부호의 이름과 쓰임에 알맞게 연결해 보세요.

마침표 •

• ? •

• 기쁨, 슬픔, 놀람 등의 느낌을 나타내는 문장의 끝에 쓴다.

물음표 •

• ! •

• 어떤 내용을 설명·권유하거나 시키는 문장의 끝에 쓴다.

느낌표 •

• . •

• 궁금한 것을 묻는 문장의 끝에 쓴다.

선생님께 한마디 2015년 1월 1일부터 시행된 한글 맞춤법에 따라 '온점' 대신 '마침표'라는 용어를 사용합니다. 그러나 '온점'이라는 용어도 쓸 수 있습니다.

 '문장 부호'에 대해 알아봅시다.

여러 낱말을 나열하거나, 이름을 부르거나 대답할 때는 '쉼표(,)'를 쓰고, 할 말을 줄였을 때나 말이 없음을 나타낼 때는 '줄임표(……)'를 써요.

＊ 문장 부호는 의미를 전달하는 데 중요한 역할을 해요.

쉼표(,)	줄임표(……)
은수야 [,] 밥 먹어.	은수야, 배고플텐데 [···] [···] .
이름을 부름	'밥 먹어'라는 말을 생략함

 문장 부호의 이름과 쓰임에 알맞게 연결해 보세요.

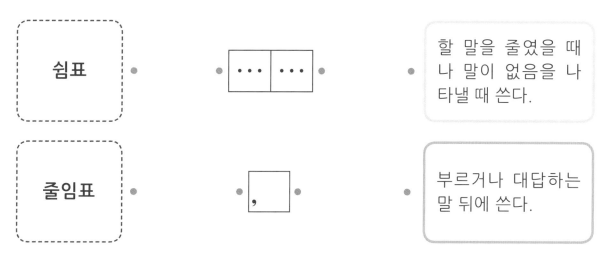

쉼표　·　　· ··· | ··· ·　　· 할 말을 줄였을 때나 말이 없음을 나타낼 때 쓴다.

줄임표　·　　· , ·　　· 부르거나 대답하는 말 뒤에 쓴다.

[선생님께 한마디]　2015년 1월 1일부터 시행된 한글 맞춤법에 따라 '반점' 대신 '쉼표'라는 용어를 사용합니다. 그러나 '반점'이라는 용어도 쓸 수 있습니다. '줄임표'의 점은 가운데에 찍는 대신 아래쪽(......)에 찍을 수도 있고, 여섯 점 대신 세 점(…)을 찍을 수도 있습니다.

'문장 부호'에 대해 알아봅시다.

글 가운데에서 직접 대화를 표시하거나 말이나 글을 옮겨 적을 때에는 '큰따옴표(" ")'를 써요. 마음속으로 한 말을 적을 때는 '작은따옴표(' ')'를 써요.

＊ 따옴표의 종류에 따라 쓰임이 달라요.

큰따옴표 (" ")	작은따옴표 (' ')
" 은수야, 밥 먹어. "	' 은수가 밥을 먹었을까? '
직접 대화한 말을 나타냄	밥을 먹었을지 속으로 생각한 것을 나타냄

 문장 부호의 이름과 쓰임에 알맞게 연결해 보세요.

큰따옴표 ● ● " " ● ● 글 가운데에서 직접 대화를 표시하거나 말이나 글을 인용할 때 쓴다.

작은따옴표 ● ● ' ' ● ● 마음 속으로 한 말을 적을 때 쓴다.

〈예시〉와 같이 알맞은 문장 부호를 골라 ○ 하세요.

〈예시〉 괜찮아! 타조는 빨리 달려 ☐

⊙ (.)
?

삐악, 우리 엄마세요 ☐

?
,

이까짓 나무집쯤이야. 쾅 ☐ 쾅 ☐

?
!

베짱이야 ☐ 겨울을 준비해야지.

?
,

☐ 난 토끼야. 나도 장갑에 들어갈게. ☐

" "
' '

☐ 돌부처가 더 힘이 세구나. ☐
두더지는 속으로 생각했어요.

" "
' '

할아버지가 순무 씨를 뿌리면서 생각했어요.
'순무 씨가 잘 자라야 될 텐데 ☐.'

……
?

문장 부호를 바르게 쓴 문장을 찾아 ☐ 안에 ○ 하세요.

	☐ 꿩꿩 장서방, 어디 어디 사나?
	☐ 꿩꿩 장서방, 어디 어디 사나.

	☐ 문지기 문지기 문 열어라?
	☐ 문지기 문지기 문 열어라.

	☐ 예끼! 욕심쟁이 같으니라고!
	☐ 예끼? 욕심쟁이 같으니라고?

	☐ 개가 말했어요. "멍멍, 나는 강아지 엄마란다."
	☐ 개가 말했어요. '멍멍, 나는 강아지 엄마란다.'

	☐ '아저씨가 따라오면 어떡하지?' 걱정이 되었다.
	☐ "아저씨가 따라오면 어떡하지?" 걱정이 되었다.

	☐ "아빠, 저희가 청소할게요."
	☐ '아빠, 저희가 청소할게요.'

	☐ '내가 바람을 세게 불면……'
	☐ '내가 바람을 세게 불면.'

우리말
약속

□ 안에 들어갈 문장 부호를 〈보기〉에서 골라 쓰세요.

〈보기〉

| " " | ' ' | … … | ? | . | , | ! |

"어머나 □ 봉지에 구멍이 났네!"

"당신은 꽃처럼 아름답고 수박처럼 동글하다 □ "

□ 이 수건 빨아 올 사람? □
아빠가 물었어요.

"공부 좀 했니 □ 문제집 풀었니 □ "

나는 속으로 생각했다.
□ 파마하니까 머리가 이상해. 짜증나! □

나도 알고 있다. 언제까지나 병아리와 함께 살 수
없다는 것을 □ □ .

문장 부호를 바르게 쓰는 법을 알아봅시다.

문장 부호는 따로 한 칸을 차지하게 써요.

＊ **마침표(.)와 쉼표(,): 왼쪽 아래에 쓴다.**

＊ **물음표(?)와 느낌표(!): 한 칸의 한가운데에 쓴다.**

＊ **따옴표(" ", ' '): 시작은 오른쪽 위, 끝은 왼쪽 위에 쓴다.**

＊ **따옴표(" ", ' ')와 마침표(.): 한 칸에 같이 쓴다.**

 문장 부호를 바르게 쓴 문장을 찾아 ○ 하세요.

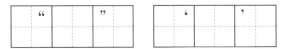 **"은수야, 숙제 했니?"**

① " 은 수 야 ,   숙 제   했 니 ? "

② " 은 수 야 ,   숙 제   했 니 ? "

"친구와 싸우지 말자."

① " 친 구 와   싸 우 지   말 자 . "

② " 친 구 와   싸 우 지   말 사 . "

〈예시〉와 같이 문장 부호를 바르게 써 보세요.

〈예시〉

"지수야, 뭐하고 놀까?"

| " | 지 | 수 | 야 | , | | 뭐 | 하 | 고 | | 놀 | 까 | ? | " |

어제는 비가 왔다.

| 어 | 제 | 는 | | 비 | 가 | | 왔 | 다 | |

오늘은 비가 오는구나!

| 오 | 늘 | 은 | | 비 | 가 | | 오 | 는 | 구 | 나 | |

내일은 비가 올까?

| 내 | 일 | 은 | | 비 | 가 | | 올 | 까 | |

"아버님, 배를 따 드릴까요?"

| | 아 | 버 | 님 | | 배 | 를 | | 따 | | 드 | 릴 | 까 | 요 | | |

'방귀 뀌는 재주도 있네.'

| | 방 | 귀 | | 뀌 | 는 | | 재 | 주 | 도 | | 있 | 네 | |

문장의 종류에 대해 알아봅시다.

※ 문장을 끝맺는 말에 따라 문장의 종류가 달라져요.

① **설명하는 문장 :** 어떤 사실을 설명하거나 풀이할 때 사용해요.
   문장 끝에는 $\boxed{.}$ 를 써요.

   예) 해가 떴습니다. 해가 떴어요. 해가 떴다. 해가 떴어.

② **시키는 문장 :** 누군가에게 어떤 일을 시킬 때 사용해요.
   문장 끝에는 $\boxed{.}$ 를 써요.

   예) 빵을 주십시오. 빵을 주세요. 빵을 줘. 빵을 줘라.

③ **묻는 문장 :** 궁금한 것을 직접 물어볼 때 사용해요.
   문장 끝에는 $\boxed{?}$ 를 써요.

   예) 언니가 옵니까? 언니가 와요? 언니가 와? 언니가 오니?

④ **요청하는 문장 :** 누군가에게 무엇을 같이 하자고 요청할 때
   사용해요. 문장 끝에는 $\boxed{.}$ 를 써요.

   예) 집에 갑시다. 집에 가자.

⑤ **느낌을 표현하는 문장 :** 느낌이나 기분을 표현할 때 사용해요.
   문장 끝에는 $\boxed{!}$ 를 써요.

   예) 아름답군요! 아름답구나! 아름답군! 아름다워라!

다음 문장이 어떤 문장인지 〈보기〉에서 골라 써 보세요.

〈보기〉

묻는 문장   설명하는 문장   요청하는 문장

시키는 문장   느낌을 표현하는 문장

요청하는 문장	우리 집에 같이 가자.
	일어나서 밥 먹어라.
	저녁 노을이 참 아름답구나!
	이건 뭐지? 달팽이 알 아니야?
	민규는 키가 크고 잘생겼다.

 다음 문장은 어떤 종류의 문장인지 알맞은 것끼리 선으로 연결해 보세요.

엄마랑 미용실에 갔다.	•	•	설명하는 문장
생선가시를 빨리 치워.	•	•	묻는 문장
아빠, 언제 상 줘?	•	•	요청하는 문장
할아버지한테 가자.	•	•	느낌을 표현하는 문장
오늘 멋진 옷을 입었구나!	•	•	시키는 문장

문장의 종류에 따라 알맞은 문장부호를 넣으세요.

설명하는 문장	뱀은 깁니다	.
묻는 문장	뱀은 깁니까	
느낌을 표현하는 문장	뱀은 길구나	

시키는 문장	자라야, 호랑이 코를 깨물어라	
설명하는 문장	자라가 호랑이 코를 깨물었어	
묻는 문장	자라가 호랑이 코를 깨물었어	

다음 문장의 종류와 문장부호를 빈칸에 알맞게 넣으세요.

요청하는 문장	혜진아, 나물 캐러 가자	.
	엄마와 나물을 캡니다.	
묻는 문장	이건 무슨 나물이야	
	밭에 나물이 참 많구나!	

	미장원에 가서 파마를 합시다.	
느낌을 표현하는 문장	파마가 잘 나왔구나	
	미장원에서 무엇을 했니?	
시키는 문장	머리를 사르고 파마를 해라	

월 　　일 　　요일 　[확인]

 〈예시〉와 같이 주어진 문장의 종류에 맞게 바꾸어 써 보세요.

〈예시〉

은수가 병아리를 데려왔습니다. **(시키는 문장으로)**

⇒ 은수야, 병아리를 데려와.

 연주가 청소를 합니다. **(요청하는 문장으로)**

⇒ _____

 약 먹는 시간을 잘 지킨다. **(시키는 문장으로)**

⇒ _____

 친구와 사이좋게 지냈니? **(설명하는 문장으로)**

⇒ _____

 뛰거나 장난치면 안돼요. **(묻는 문장으로)**

⇒ _____

 기차가 정말 길다. **(느낌을 표현하는 문장으로)**

⇒ _____

민욱이 일기

○○○○년 9월 20일 금요일 날씨: 좀 더운 날

제목: 발명왕 에디슨

　도서실에서 '발명왕 에디슨'이라는 책을 읽었다. 에디슨은 어릴 적부터 공부도 잘하고 칭찬도 많이 받았을 거라고 생각했는데 학교에서 쫓겨났다니 놀랐다.

　내가 제일 재미있게 읽은 부분은 에디슨이 달걀을 품고 있는 장면이다. 나도 그런 생각을 한 적이 있었는데 왠지 에디슨과 내가 통하는 느낌이다.

　에디슨은 어떻게 백열전등, 축음기, 영사기, 전기자동차를 만들었을까? 에디슨이 백열전등을 발명하기 전에는 밤이 캄캄해서 무서웠을 것 같다.

　에디슨 아저씨, 밤을 밝게 밝혀주시고, 영화도 볼 수 있게 영사기를 발명해 주서서 감사합니다.

월   일   요일   확인

 아래와 같은 방법으로 글마중을 읽어 보세요.

① 내용을 생각하며 민욱이의 일기를 읽어 보세요.

② 에디슨이 달걀을 품고 있는 모습을 생각하며 읽어 보세요.

 에디슨이 발명한 발명품입니다. 무엇을 하는 기계인지 인터넷에서 찾아 써 보세요.

 축음기

 영사기

 백열전등

 전기자동차

월   일   요일   확인

 다음 글을 읽고 알맞은 답을 고르거나 쓰세요.

제목: 발명왕 에디슨

(가) 도서실에서 '발명왕 에디슨'이라는 책을 읽었다.

(나) 내가 제일 재미있게 읽은 부분은 에디슨이 달걀을 품고 있는 장면이다. 나도 그런 생각을 한 적이 있었는데 왠지 에디슨과 내가 통하는 느낌이다.

에디슨은 어떻게 백열전등, 축음기, 영사기, 전기자동차를 만들었을까? 에디슨이 백열전등을 발명하기 전에는 밤이 캄캄해서 무서웠을 것 같다.

(다) 에디슨 아저씨, 밤을 밝게 밝혀주시고, 영화도 볼 수 있게 영사기를 발명해 주셔서 감사합니다.

1. 위 일기의 글감은 무엇인가요?

_____

2. 글쓴이가 가장 재미있게 읽은 부분은 어떤 장면인가요? (   )

   ① 에디슨이 달걀을 품고 있는 장면
   ② 에디슨이 전기자동차를 운전하는 장면
   ③ 에디슨이 전구 발명에 성공한 장면

3. 위 글에서 에디슨의 발명품 4가지를 찾아 ○ 하고, 빈칸에 써 보세요.

①	②
③	④

4. 민욱이 일기는 크게 세 부분으로 나눌 수 있습니다. 아래 표에 알맞은
   내용을 〈보기〉에서 찾아 쓰세요.

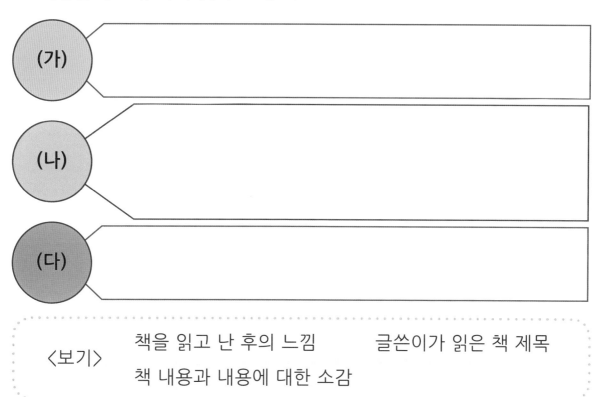

(가)

(나)

(다)

〈보기〉   책을 읽고 난 후의 느낌   글쓴이가 읽은 책 제목
          책 내용과 내용에 대한 소감

5. (나)의 '책 내용'을 다시 두 부분으로 나누었습니다. 아래 〈보기〉에서
   알맞은 내용을 찾아 쓰세요.

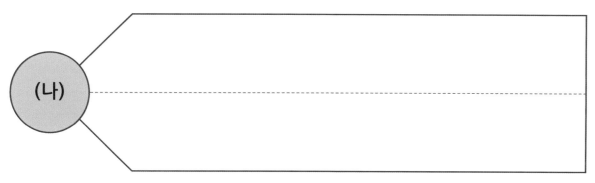

(나)

〈보기〉   가장 재미있게 읽은 부분   에디슨의 발명품 소개

민욱이 일기를 표로 나타내었습니다. 빈칸에 알맞은 문장을 글 마중에서 찾아 써 보세요.

민욱이가 읽은 책 제목	
책 내용	가장 재미있게 읽은 부분
	에디슨의 발명품 소개
책을 읽고 난 후의 느낌	

< 재미있게 읽은 책을 글감으로 일기 쓰는 방법 >

1. 어떤 책을 재미있게 읽었는지 씁니다.

2. 책의 내용을 쓸 때에는

☞ 책에서 가장 인상에 남는 장면을 씁니다.

☞ 책의 줄거리를 써도 좋습니다.

☞ 책에 나오는 인물에 대해 써도 좋습니다.

3. 책을 읽고 난 후 내 생각이나 느낌을 자세히 씁니다.

'위인', '업적', '위인전'의 뜻을 알아봅시다.

위인 ➜ 훌륭한 일을 한 사람, 품성이 훌륭한 사람

업적 ➜ 어떤 사람이 이루어 놓은 훌륭한 일

위인전 ➜ 어떤 위인에 대해 사실을 바탕으로 적은 글

 〈예시〉처럼 내가 알고 있는 위인과 업적을 써 보세요.

	위인	업적
〈예시〉	에디슨	백열전등, 영사기, 전기자동차 등 우리 생활을 편리하게 해주는 여러 가지 물건을 발명하였다.

위인	업적

 위인전이나 인물에 대한 책 중에서 읽고 싶은 책을 골라서 읽고, 읽은 책을 글감으로 글을 써 보세요.

제목 : _____	
책 제목	오늘 _____에서 _____을/를 읽었다.
책 내용	
생각이나 느낌	

 '책 내용'에는 줄거리, 인물의 특징, 인물의 업적, 주요 사건, 인상적인 징면 등을 쓸 수 있습니다.

이슬이 일기

○○○○년 8월 23일 토요일 날씨: 흐리다가 맑아짐

제목: 승일이의 돌잔치

아빠, 엄마, 동생과 함께 사촌 동생 승일이 돌잔치에 갔다. 승일이는 멋진 한복을 입고 있었다. 삼촌과 숙모도 한복을 입었다. 할아버지와 할머니도 오셨다.

나는 우선 접시에 김밥, 잡채, 약식, 김치를 담아왔다. 스테이크와 새우도 먹었다. 승일이는 수박을 먹었다. 그런데 수박을 거꾸로 들고 껍질 부분을 먹어서 할머니께 혼이 났다. 나는 웃음이 나왔다.

승일이랑 놀고 있었는데 돌잡이를 한다고 했다. 나는 돌잡이가 무엇인지 궁금했다. 커다란 탁자에 청진기, 돈, 실, 쌀, 연필, 마이크, 책이 있었다. 승일이는 연필을 잡았다. 엄마가 "연필을 잡았으니 공부 잘하겠네."하셨다. 나는 그게 무슨 뜻인지 이해할 수 없었다. 돌잡이 하는 모습을 처음 봐서 신기했다. 승일이가 앞으로도 건강하게 자랐으면 좋겠다.

아래와 같은 방법으로 글마중을 읽어 보세요.

① 내용을 생각하며 이슬이의 일기를 읽어 보세요.
② 돌잔치 모습을 상상하며 읽어 보세요.
③ 연필을 잡고 있는 귀여운 승일이 모습을 상상하며 읽어 보세요.

 글마중을 읽고 승일이 돌잡이에 쓰이는 물건을 그려서 상 위에 붙여 보세요.

다음 글을 읽고 알맞은 답을 고르거나 쓰세요.

제목: 승일이의 돌잔치

(가) 아빠, 엄마, 동생과 함께 사촌 동생 승일이 돌잔치에 갔다. 승일이는 멋진 한복을 입고 있었다. 삼촌과 숙모도 한복을 입었다. 할아버지와 할머니도 오셨다.

나는 우선 접시에 김밥, 잡채, 약식, 김치를 담아왔다. 스테이크와 새우도 먹었다. 승일이는 수박을 먹었다. 그런데 수박을 거꾸로 들고 껍질 부분을 먹어서 할머니께 혼이 났다. 나는 웃음이 나왔다.

(나) 승일이랑 놀고 있었는데 돌잡이를 한다고 했다. 나는 돌잡이가 무엇인지 궁금했다. 커다란 탁자에 청진기, 돈, 실, 쌀, 연필, 마이크, 책이 있었다. 승일이는 연필을 잡았다. 엄마가 "연필을 잡았으니 공부 잘하겠네."하셨다. 나는 그게 무슨 뜻인지 이해할 수 없었다. 돌잡이 하는 모습을 처음 봐서 신기했다.

(다) 승일이가 앞으로도 건강하게 자랐으면 좋겠다.

1. 이 글의 글감은 무엇인가요?

　　　　　　　　　　　　　　　　　

2. 아기가 태어난 지 1년째 되는 날을 맞이하여 온 가족이 모여 축하하는 자리를 무엇이라고 하는지 찾아 쓰세요.

3. 돌잔치에서 여러 가지 음식과 연필, 돈, 실, 쌀 따위의 물건을 상 위에 차려놓고, 아이에게 마음대로 골라잡게 하여 그 아이의 미래를 점치는 일을 무엇이라고 하는지 찾아 쓰세요.

_____

4. 승일이는 탁자에 있는 물건 중에서 무엇을 잡았나요?

_____

5. 연필을 잡은 승일이를 보고 엄마는 뭐라고 말씀하셨나요? (   )

① 커서 노래를 잘 부르겠구나!
② 커서 부자가 되겠구나!
③ 오래 오래 살겠구나!
④ 커서 공부를 잘 하겠구나!

6. (가)~(다)의 내용과 알맞게 연결하세요.

(가) •   • 승일이가 건강하게 자랐으면 좋겠다.

(나) •   • 돌잔치에서 있었던 일 (잔치음식을 먹고, 돌잡이를 봤다.)

(다) •   • 승일이의 돌잔치에 갔다.

7. '승일이의 돌잔치'는 크게 세 부분으로 나눌 수 있습니다. 6번 문제를 참고하여 아래 표를 완성하세요.

8. (나) 돌잔치에서 있었던 일을 크게 두 가지 내용으로 나누어 썼습니다. 돌잔치에서 있었던 두 가지 일이 무엇인지 아래 표에 써 보세요.

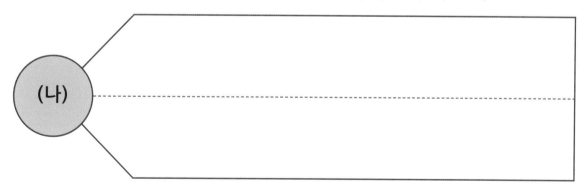

9. 승일이가 내 동생이라고 생각하고 덕담을 적어 보세요.

 덕담은 상대방이 잘 되기를 빌어주는 말입니다.

 (가)와 (나)의 글을 보고 물음에 답하세요.

(가)	제목: 승일이의 돌잔치 엄마, 아빠와 사촌 동생 승일이 돌잔치를 갔다. 나는 김밥, 잡채, 약식, 김치, 스테이크, 새우를 먹었다. 승일이는 수박을 먹었다. 돌잡이를 했다. 승일이는 연필을 잡았다. 재미있었다.
(나)	제목: 승일이의 돌잔치 엄마, 아빠와 사촌 동생 승일이 놀잔치를 갔다. 나는 김밥, 잡채, 약식, 김치, 스테이크, 새우를 먹었다. 내가 좋아하는 약식이 있어서 기분이 좋았다. 승일이는 수박을 먹었다. 거꾸로 들고 먹는 모습이 웃기고 귀여웠다. 승일이랑 놀고 있었는데 돌잡이를 한다고 했다. 나는 돌잡이가 무엇인지 궁금했다. 커다란 탁자에 청진기, 돈, 실, 쌀, 연필, 마이크, 책이 있었다. 승일이는 연필을 잡았다. 엄마가 "연필을 잡았으니 공부 잘하겠네."하셨다. 나는 그게 무슨 뜻인지 이해할 수 없었다. 돌잡이 하는 모습을 처음 봐서 신기했다. 귀여운 승일이도 보고, 맛있는 음식도 많이 먹고, 오늘은 정말 신나는 날이다.

1. (가)와 (나)는 '승일이의 돌잔치'라는 제목의 일기입니다. (가)와 (나) 중 더 재미있는 글은 무엇이라고 생각하나요? (   )

2. 어떤 부분이 재미있다고 생각하나요? 재미있다고 생각하는 부분에 밑줄을 그어 보세요.

3. (가)와 (나) 중에서 글쓴이의 생각이나 느낌을 더 풍부하게 나타낸 글
은 무엇이라고 생각하나요? (   )

4. (가) 글에서 글쓴이의 생각이나 느낌을 쓴 부분을 찾아 밑줄을 긋고 써
보세요.

_____

5. (나) 글에서 글쓴이의 생각이나 느낌을 쓴 부분을 찾아 밑줄을 긋고 써
보세요.

① 내가 좋아하는 약식이 있어서 기분이 좋았다.
_____

② _____

③ _____

④ _____

⑤ _____

〈 일기를 재미있게 쓰는 법 〉

☞ 자신의 생각이나 느낌을 일기의 중간 중간에 자기가
경험한 일과 함께 씁니다.

☞ 자신의 생각이나 느낌을 다양하게 씁니다.

☞ 자신의 생각이나 느낌을 이유와 함께 씁니다.

'돌잡이'의 뜻을 알아봅시다.

돌잡이란?

첫돌에 여러 가지 음식과 연필, 돈, 실, 쌀 따위의 물건을 상 위에 차려놓고, 아이에게 마음대로 골라잡게 하여 그 아이의 미래를 점치는 일. 요즘에는 마이크, 마우스, 청진기, 축구공 등을 사용하기도 함.

 '돌잡이'에 쓰이는 물건들입니다. 의미가 무엇일지 생각하며 알맞게 연결해 보세요.

연필	커서 부자 되겠네!
실	커서 아나운서 되겠네!
돈	커서 운동선수 되겠네!
마이크	오래오래 살겠네!
마우스	커서 공부 잘 하겠네!
축구공	커서 의사 되겠네!
청진기	키서 컴퓨터 박사 되겠네!

'운동회'에 대하여 쓴 일기입니다. 생각이나 느낌을 〈보기〉에서 찾아 넣어 더 재미있는 일기로 고쳐 쓰세요.

제목: 신나는 운동회

오늘 학교 운동장에서 운동회를 했다.
개인달리기를 했다. 큰 공 굴리기를 했다. 응원 댄스를 했다.
이어달리기를 했는데 우리 편이 이겼다. 기분이 좋았다.

제목: 신나는 운동회

드디어 오늘 내가 손꼽아 기다리던 운동회를 했다.

제일 처음 개인달리기를 했다. _____

3등을 했다. 4등을 할 줄 알았는데 3등을 해서 _____

큰 공 굴리기를 했다. _____

응원 댄스를 했다. _____

선생님께서 잘 했다고 칭찬해 주셨다.

마지막으로 이어달리기를 했다. _____

_____

좀 피곤하긴 했지만 우리 편이 이겨서 기분이 좋았다.

〈보기〉
- 나는 달리기를 잘 하지 못해서 걱정이 됐다.
- 기분이 좋았다.
- 생각보다 공이 커서 힘들었다.
- 친구들과 입장을 하는데 가슴이 떨렸다.
- 우리 편이 질 것 같아서 가슴이 조마조마했다.

 '운동회'하면 떠오르는 생각이나 느낌을 3가지 이상 적어 보세요.

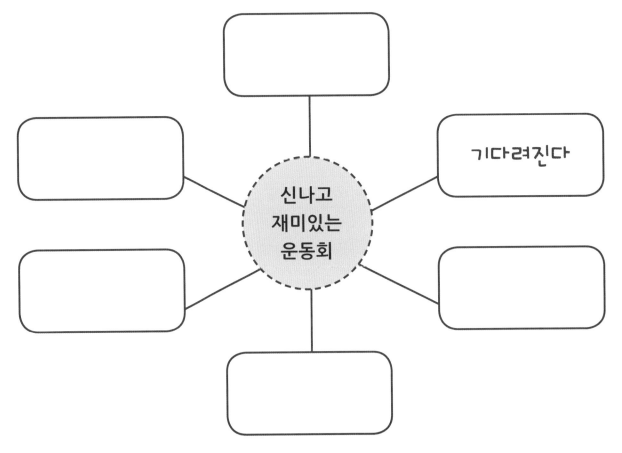

 위에 쓴 느낌 중 2가지를 골라 이유를 써 보세요.

느낌	이유
기다려진다	작년 운동회가 너무 재미있어서

'운동회'에서 가장 재미있었던 활동과 아쉬웠던 활동을 생각하며 글을 써 보세요.

제목	_____ 운동회
가장 재미있었던 경기와 그 때 내 느낌	
아쉬웠던 경기와 이유	
운동회에 대한 전체적인 느낌이나 생각	

앞에 정리한 내용을 바탕으로 '운동회'에 대한 글을 써 보세요. 중간중간에 내 생각이나 느낌, 그렇게 생각한 이유 등을 넣어 재미있게 써 보세요.

제목:

서현이 일기

○○○○년 11월 2일 토요일 날씨: 바람이 시원한 날

제목: 경주 나들이

아침 일찍 일어나서 엄마, 아빠와 함께 KTX를 타고 경주에 다녀왔다. 경주에는 처음 가보는 거라 마음이 설레었다. 대전에서 신경주역까지 한 시간 정도 걸렸다.

처음 간 곳은 불국사였는데 엄청 컸다. 주차장에서 내려서 불국사까지 가는 길에 커다란 나무가 있었는데 단풍 빛깔이 너무 예뻤다. 불국사에는 석가탑과 다보탑이 있었다. 우리 가족은 소원을 빌며 탑을 한 바퀴 돌았다. 지나가던 스님이 합장을 하며 우리 가족에게 인사를 했다. 나도 합장을 하고 스님께 인사를 했다.

점심을 먹고 문무대왕릉에 갔다. 문무대왕릉은 통일신라시대 문무왕의 무덤이라는데 내 눈에는 무덤이 보이지 않았다. 엄마께 여쭤보니 앞에 있는 바위가 무덤이라고 하셨다. 바다에 있는 바위가 무덤이라니 신기했다.

아침부터 돌아다녀서 피곤했지만 그래도 즐거웠다. 다음에는 오늘 가보지 못한 석굴암, 첨성대, 포석정에도 가보고 싶다.

아래와 같은 방법으로 글마중을 읽어 보세요.

① 서현이가 가족들과 여행하는 장면을 떠올리며 읽어 보세요.
② 우리 가족과 함께 여행 갔던 기억을 되살리며 읽어 보세요.

 글마중을 읽고 경주에 있는 문화재의 이름을 찾아 써 보세요.

월   일   요일   확인

 〈사회과부도〉나 인터넷 검색을 이용하여 경주가 어디인지 찾아
보고, 우리나라 지도에 표시해 보세요.

글마중을 읽고 물음에 답하세요.

1. 제목은 무엇인가요?

   _____

2. 글쓴이는 가족들과 어디에 다녀왔나요?

   _____

3. 글쓴이가 경주에서 간 곳은 어디인가요?

   _____, _____

4. 다음 중 불국사에서 본 것을 <u>모두</u> 찾으세요. (,   ,   )

   ① 단풍 빛깔이 고운 커다란 나무
   ② 석가탑과 다보탑
   ③ 합장하는 스님
   ④ 첨성대

5. 문무대왕릉에 대한 설명으로 바르지 <u>않은</u> 것은? ·············· (   )

   ① 통일신라시대 문무왕의 무덤이다.
   ② 바다에 무덤이 있다.
   ③ 양 옆에 3층 석탑이 있다.
   ④ 바위로 되어 있다.

6. 글쓴이가 다음에 가고 싶은 곳은 어디인가요?

   _____

'기행문'에 대해 알아봅시다.

'기행문'은 여행을 하며 보고, 듣고, 겪은 일에 자기 생각이나 느낌을 곁들여 적은 글입니다.

기행문의 종류에는 수필 형식의 기행문, 일기 형식의 기행문, 편지 형식의 기행문, 보고문 형식의 기행문, 안내문 형식의 기행문 등이 있습니다.

보통은 장소의 이동, 시간의 흐름에 따라 내용을 나누어 글을 씁니다.

1. 서현이 일기는 가족들과 함께 '경주'에 다녀와서 쓴 일기 형식의 기행문입니다. 글마중을 읽고 다음 표를 완성하세요.

방문한 도시	경주
함께 간 사람	
교통편	
첫 번째로 간 곳	
두 번째로 간 곳	
기간	하루 동안(아침부터 저녁까지)

2. 기행문은 여행을 하면서 보고, 듣고, 겪은 일에 자신의 생각이나 느낌을 곁들여 적는 글이라고 하였습니다. 서현이가 간 곳을 자세히 살펴보고 물음에 답하세요.

처음 간 곳은 불국사였는데 엄청 컸다. 주차장에서 내려서 불국사까지 가는 길에 커다란 나무가 있었는데 단풍 빛깔이 너무 예뻤다. 불국사에는 석가탑과 다보탑이 있었다. 우리 가족은 소원을 빌며 탑을 한 바퀴 돌았다. 지나가던 스님이 합장을 하며 우리 가족에게 인사를 했다. 나도 합장을 하고 스님께 인사를 했다.

(1) 어떤 곳에 대해 썼나요? _____

(2) 서현이가 본 것 3가지를 적어 보세요.

　① _____

　② _____

　③ 스님이 _____

(3) 서현이가 가족과 함께 한 일 2가지를 적어 보세요.

　① 소원을 빌며 _____

　② 합장을 하고 _____

(4) 서현이의 생각이나 느낌을 나타낸 문장을 찾아 쓰세요.

　① 엄청 컸다. _____

　② _____

낱말 창고

 '절'에 대해 알아봅시다.

'절'은 부처님의 불상을 모셔놓고 스님(승려)들이 부처님의 말씀을 공부하고 수행하는 곳입니다. 부처님을 믿는 불교인들은 절에 가서 자신의 바람을 부처님께 빌기도 합니다. 절을 '사찰'이라고도 합니다.

 '절'에서 볼 수 있는 것을 그림과 연결해 보세요.

범종
절에서 사람을 모이게 하거나 시각을 알리기 위하여 치는 큰 종

석등
돌로 만든 등 절에서는 이곳에 불을 밝혀 부처님께 공양함

목어
아침, 저녁 예불 때 치는 도구로 물고기 모양임

'서울대공원'을 다녀와서 쓴 글입니다. 본 것 외에 <u>겪은 일을</u> 넣어 일기를 써 보세요. <u>생각이나 느낌</u>도 덧붙여 더 재미있는 일기로 고쳐 쓰세요.

제목 : 서울대공원

가족들과 서울대공원에 갔다.
리프트를 탔다. 사자, 호랑이, 곰을 봤다. 하마와 기린을 봤다. 홍학춤도 봤다. 재미있었다.

제목: 서울대공원

가족들과 도시락을 싸서 서울대공원에 갔다.

대공원까지 리프트를 타고 갔는데 바람은 시원했지만 떨어질까봐

_____ .

호랑이를 보러 갔는데 잠만 자고 있어서 _____ .

곰이 서서 인사하는 모습이 _____ . 점심을

먹고 하마와 기린을 보았다. 우리 가족은 기린 먹이주기를 했다. 좀 겁이

났지만 용기를 내어서 기린 먹이주기에 도전했다. 기린 혀가 그렇게 긴

지 처음 알았다. 정말 _____ . 재미있어

서 한 번 더 했다. 마지막으로 홍학이 춤추는 것을 보았다. _____

_____ .

하루 종일 돌아다니느라 다리가 많이 아팠지만 신기한 체험을 많이 해

서 뿌듯했다. 또 가고 싶다.

월   일   요일   확인

 현장학습에서 본 것, 들은 것, 체험한 것, 느낀 것을 생각해서 아
래 표에 적어 보세요.

제목 : _____

현장 학습을 간 장소	
함께 간 사람과 교통편	
본 것과 생각이나 느낌	
들은 것과 생각이나 느낌	
체험한 것과 생각이나 느낌	
전체적인 나의 생각이나 느낌	

 앞의 표를 참고하여 본 것, 들은 것, 겪은 일과 내 생각이나 느낌을 적는 일기 형식의 기행문을 써 보세요.

월   일   요일   확인

제목:

높임을 나타내는 방법을 알아봅시다.

우리말에는 높임의 뜻이 없는 '**예사말**'과 높임의 뜻을 나타내는 '**높임말**'이 있어요. '**예사말**'은 친구나 동생에게 하는 말이고, '**높임말**'은 할아버지, 할머니, 선생님, 부모님과 같은 웃어른을 공경하는 마음을 나타내기 위하여 쓰는 말이에요.

* 높임을 나타낼 때에는 '**-께**'나 '**-께서**'를 붙여요.

* 높임을 나타낼 때에는 '**-시-**'를 넣어요.

예) 동생**이** 설명을 **한다**. ⇒ 선생님**께서** 설명을 **하신다**.
　　예사말　　예사말　　　　　　높임말　　　　높임말

 알맞은 말을 골라 문장을 완성하세요.

	현수(가 / 께서) 웃습니다.
	어머니(가 / 께서) 웃으십니다.
	동생이 (옵니다 / 오십니다).
	할머니께서 (옵니다 / 오십니다).
	친구들이 노래를 (부릅니다 / 부르십니다).
	선생님께서 노래를 (부릅니다 / 부르십니다).
	지수(가 / 께서) 밥을 (먹습니다 / 드십니다).
	아버지(가 / 께서) 진지를 (먹습니다 / 드십니다).

〈예시〉와 같이 예사말과 높임말을 바르게 써 보세요.

〈예시〉	(1) 아기가 방긋방긋 <u>웃 는 다</u>.
웃는다. 웃으신다.	(2) 할머니께서 환하게 <u>웃 으 신 다</u>.

탄다. 타신다.	(1) 동생____ 자전거를 _____
	(2) 아버지____ 비행기를 _____

잡았다. 잡으셨다.	(1) 선생님____ 내 손을 _____
	(2) 친구____ 내 어깨를 _____

불렀다. 부르셨다.	(1) 고모____ 나를 _____
	(2) 아기____ 엄마를 _____

찾았다. 찾으셨다.	(1) 영희____ 장난감을 _____
	(2) 할아버지____ 안경을 _____

온다. 오신다.	(1) 친구____ 우리 집에 _____
	(2) 할머니____ 우리 집에 _____

받는다. 받으신다.	(1) 큰아버지____ 상을 _____
	(2) 사촌 동생____ 상을 _____

밑줄 친 부분을 높임법에 맞게 고쳐 쓰세요.

〈예시〉	아버지가 민수에게 선물을 주었다.
	⇨ 아버지께서 민수에게 선물을 주셨다.

1. 선생님이 집으로 전화를 했다.

⇨

2. 화가 아저씨가 그림을 그렸다.

⇨

3. 은수가 할아버지에게 편지를 썼다.

⇨

4. 이모 할머니가 우리 집에 왔다.

⇨

5. 어머니가 강아지에게 먹이를 주었다.

⇨

6. 할아버지가 어제 등산을 갔다.

⇨

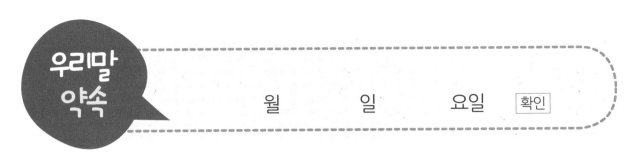

 높임을 나타내는 방법을 알아봅시다.

---

* 높임말에는 말 자체가 높임의 뜻을 나타내는 말이 있어요.

예) | 밥 | ⇒ | 진지 | | 먹다 | ⇒ | 드시다 |
      예사말   높임말   예사말   높임말

그림을 보고 알맞은 문장을 골라 ☐ 안에 ○ 하세요.

	☐ 할아버지께서 말을 하셨습니다.
	☐ 할아버지께서 말씀을 하셨습니다.
	☐ 할아버지께서 주무신다.
	☐ 할아버지께서 잔다.
	☐ 할아버지께서 밥을 먹습니다.
	☐ 할아버지께서 진지를 드십니다.
	☐ 할아버지 생신입니다.
	☐ 할아버지 생일입니다.
	☐ 할아버지를 데리고 왔습니다.
	☐ 할아버지를 모시고 왔습니다.

선생님께 한마디 말 자체에 높임의 표현이 있는 말을 문장 속에서 연습해봅니다. 예를 들어, '자다'에 '-시'를 붙여 '자시다'가 되는 것이 아니라 '주무시다'처럼 바뀌는 것에 유의합니다.

 다음 예사말과 짝을 이루는 높임말을 찾아 연결해 보세요.

생일	•		•	댁
나이	•		•	말씀
말	•		•	성함
병	•		•	연세
집	•		•	병환
이름	•		•	진지
밥	•		•	생신

 알맞은 높임말을 찾아 ○ 하세요.

1. 아버지 (이름 / 성함)을 말씀해 주세요.
2. 어머니 (생일 / 생신)은 5월 20일입니다.
3. 명절에는 큰아버지 (집 / 댁)에 갑니다.
4. 할머니, (밥 / 진지) 드세요.
5. 할아버지께서는 (나이 / 연세)가 많으십니다.
6. 선생님 (말 / 말씀)을 잘 들어야지.
7. 할머니께서 (병 / 병환)으로 입원하셨다.

다음 예사말과 짝을 이루는 높임말을 찾아 연결해 보세요.

아프다 •		• 드시다
먹다 •		• 계시다
죽다 •		• 뵙다
자다 •		• 편찮으시다
주다 •		• 주무시다
묻다 •		• 여쭈다
있다 •		• 돌아가시다
만나다 •		• 드리다

 알맞은 높임말을 찾아 ○ 하세요.

1. 할머니께서 진지를 (먹습니다 / 드십니다).
2. 선생님께서 교무실에 (있습니다 / 계십니다).
3. 증조할아버지께서 작년에 (죽었다 / 돌아가셨다).
4. 옆집 아주머니께 떡을 (주었다 / 드렸다).
5. 아버지께서는 방에서 (잡니다 / 주무십니다).
6. 모르는 것은 선생님께 (물어 보세요 / 여쭈어 보세요).
7. 어머니께서 (아프다 / 편찮으시다).
8. 멀리 계신 선생님을 (만나러 / 뵈러) 갔다.

높임법에 맞지 않은 낱말을 찾아 ○ 하고 바르게 고쳐 쓰세요.

〈예시〉

지수네 가족은 외할머니 ⓐ집에 갔다.

➡ 지수네 가족은 외할머니 <u>댁</u>에 갔다.

1.

할머니께서 우리에게 말을 하셨다.

➡ 할머니께서 우리에게 _____을 하셨다.

2.

오늘은 할아버지 생일이다.

➡ _____

3.

옆집 아저씨께서 아프다.

➡ _____

4.

선생님께 궁금한 것을 물었다.

➡ _____

5.

병원에 계신 삼촌께 안부 편지를 주었다.

➡ _____

 높임을 나타내는 방법을 알아봅시다.

---

* **자기를 낮춤으로써 상대를 높이는 말이 있어요.**

| 나 | ⇒ | 저 | | 내 | ⇒ | 제 | | 우리 | ⇒ | 저희 |

예)	**나**랑 같이 가자. ⇒ **저**랑 같이 가세요.
	내 말 좀 들어봐. ⇒ **제** 말씀 좀 들어 보세요.
	우리가 만들었어. ⇒ **저희**가 만들었어요.

* **단, 나라(국가)에 대해서는 항상 '우리'를 써요.**
  예) 저희나라 (×) ⇒ 우리나라(○)

 왼쪽 낱말에서 골라 넣어 문장을 완성하세요.

| 나   저 | (1) "선생님, ____에게 말씀해 주세요." |
| | (2) "은수야 ____에게 말해 줄래?" |

| 내   제 | (1) "____가 절을 올리겠습니다." |
| | (2) "____가 절을 받아야지?" |

| 우리   저희 | (1) "_____가 네 짐을 들어줄게." |
| | (2) "_____가 할아버지 짐을 들어드릴까요?" |

월   일   요일   확인

 ○ 한 말을 높임법에 맞게 고쳐 쓰세요.

1. 할아버지, 내가 선물을 드릴게요.

➡

2. 은수야, 저와 같이 놀자. 저는 너와 친해지고 싶어.

➡

3. 저희 나라는 사계절이 있습니다.

➡

4. 선생님, 내가 잘못했습니다.

➡

5. 할머니, 우리가 모셔다 드릴게요.

➡

6. 아주머니, 내가 길을 알고 있어요. 나를 따라오세요.

➡

높임을 나타낼 때 주의할 점을 알아봅시다.

---

* 높임말을 하려다가 말하는 대상을 잘못 높인 경우가 있어요.
말을 전해 줄 때 흔히 이런 실수를 해요.

예) 아버지께서 너 **오시래**.(X) ⇒ 아버지께서 너 **오라고 하셔**.(○)

* 높임의 대상이 될 수 없는 물건에 '-시-'를 붙이는 것은 잘못된 표현이에요.

예) 커피 **나오셨습니다**.(X) ⇒ 커피 **나왔습니다**.(○)

* 지나친 존대와 어법에 맞지 않는 말투도 잘못된 표현이에요.

예) 의자에 **앉으실게요**.(X) ⇒ 의자에 **앉으세요**.(○)

 높임법에 맞게 문장을 고쳐 쓰세요.

---

1. 색깔이 예쁘십니다.

➡

---

2. 신발 벗고 올라 가실게요.

➡

---

3. 선생님께서 이거 나눠 주시래.

➡

다음 글에서 잘못된 부분을 찾아 바르게 고쳐 보세요.

〈우리 할머니〉

우리 할머니는 1936년 청주에서 태어났다. 할머니 생일은 4월 15일이고 올해 나이가 여든 한 살이다. 할머니 이름은 한 번 들으면 잊을 수 없다. 바로 임진왜란 때 왜군을 물리친 이순신 장군과 같은 이름이기 때문이다. 이름 덕분인지 우리 할머니는 키도 크고 건강하다. 목소리도 무척 커서 할머니 옆에 있다가 깜짝 놀라 넘어지실 뻔한 적도 많았다.

1. 우리 할머니는 1936년 청주에서 태어났다.

⇨

2. 할머니 생일은 4월 15일이고 올해 나이가 여든 한 살이다.

⇨

3. 할머니 이름은 한 번 들으면 잊을 수 없다.

⇨

4. 우리 할머니는 키도 크고 건강하다.

⇨

5. 목소리도 무척 커서 할머니 옆에 있다가 깜짝 놀라 넘어지실 뻔한

⇨

다음 글에서 잘못된 부분을 찾아 바르게 고쳐 보세요.

그런데 건강하시던 할머니가 아파서 병원에 입원하셨다. 할아버지께서 작년에 돌아가셔서 너무 슬펐는데 할머니도 죽을까봐 걱정이 되었다. 다행히 할머니께서는 큰 병이 아니라 며칠 지나면 퇴원하신다고 했다.

드디어 할머니께서 퇴원하셨다. 우리 가족은 근처에 사는 큰고모와 함께 할머니 집에 갔다. 할머니는 밥도 잘 먹으시고 말도 많이 하셨지만 피곤해 하셨다. 나는 할머니 다리를 주물러 드렸다. 할머니께서 오래오래 살았으면 좋겠다.

1. 그런데 건강하시던 할머니가 아파서 병원에 입원하셨다.

⇨

2. 할머니도 죽을까봐 걱정이 되었다.

⇨

3. 우리 가족은 근처에 사는 큰고모와 함께 할머니 집에 갔다.

⇨

4. 할머니는 밥도 잘 먹으시고 말도 많이 하셨지만

⇨

5. 할머니께서 오래오래 살았으면 좋겠다.

⇨

봄

저녁 식탁에 봄 음식이 올라왔다. 어제 할머니께서 쑥이랑 냉이, 그리고 봄동, 햇김치를 주셨다. 엄마가 저녁에 쑥은 쑥국을 끓이고 냉이는 나물로 무치고 봄동은 겉절이로 버무리셨다. 간을 보라고 조금 입에 넣어 주셨는데, 맵지만 맛있었다.

아빠도 "이제 봄이 온 것 같구나." 하시면서 맛있게 저녁을 먹었다. 날씨가 좋으면 나도 나물을 뜯고 싶다.

- 기창 아림초 2학년 변희지
「이빨 뺀 날 (우리교육)」에서 발췌

 글마중을 읽고 알맞은 답을 쓰세요.

1. 무엇에 관해 쓴 글인가요?

   _____

2. 할머니께서 주신 것은 무엇인가요?

   _____

3. 할머니께서 주신 재료로 엄마는 어떤 음식을 만들었나요?

   쑥 → | |

   냉이 → | |

   봄동 → | |

4. 아빠는 왜 "이제 봄이 온 것 같구나."라고 말씀하셨을까요?

   _____

5. 음식의 맛을 생생하게 표현한 부분은 어디인지 찾아 써 보세요.

   _____

6. 엄마가 해 주시는 음식 중 가장 좋아하는 것은 무엇인지, 맛은 어떤지
   써 보세요.

   _____

해물탕

   어제 부산 고모 집에 갔다. 고모가 해물탕을 사 주셨다. 아주머니께서 해물탕을 들고 오셨는데 냄비 안에 한가득 해물이 들어 있었다. 물렁물렁하고 다리가 긴 문어가 한 마리 있었고, 등을 구부리고 냄비 한 쪽에 웅크리고 있는 새우도 다섯 마리 있었다. 그리고 넓적한 등을 보이며 긴 다리를 쭉 벌리고 누워 있는 게도 있었다.

   할머니께서 가스 불을 켜니까 갑자기 게가 살아나서 냄비 밖으로 다리를 짝 벌리면서 안절부절못하고 밖으로 나가려고 하였다. 냄비가 많이 뜨거웠나 보다.

   아빠가 새우를 까 주셨는데 쫀득쫀득하고 고소하였다. 너무 맵고 짜서 국물은 맛없었다. 여러 가지 해물 중에 오징어가 제일 맛있었다.

- 김해 어방초 2학년 김민규
「이빨 뺀 날 (우리교육)」에서 발췌

글마중에서 해물탕의 모습을 표현한 문장을 찾아 써 보세요.

글에서 표현한 해물탕의 모습을 살려 실감나게 그려 보세요.

월   일   요일   확인

 글마중을 읽고 알맞은 답을 고르거나 쓰세요.

1. 누구와 어디에 갔던 이야기인가요?

_____

2. 해물탕 안에 있는 것을 재미있게 표현했습니다. 알맞게 연결해 보세요.

게   •   • 물렁물렁하고 다리가 긴

문어   •   • 등을 구부리고 냄비 한 쪽
                                                 에 웅크리고 있는

새우   •   • 넓적한 등을 보이며 긴 다리
                                                 를 쭉 벌리고 누워 있는

3. 가스 불을 켜니 해물은 어떻게 되었나요?

_____

4. 게가 밖으로 나가려고 한 이유를 무엇이라고 생각했나요?

_____

5. 글에서 해물탕 맛을 표현한 문장을 찾아 써 보세요.

```



```

낱말
창고

월   일   요일   [확인]

맛을 표현하는 말을 〈보기〉에서 골라 써 보세요.

'단맛'을 표현하는 말	

'매운맛'을 표현하는 말	

'신맛'을 표현하는 말	

'짠맛'을 표현하는 말	

〈보기〉
얼큰하다.   달콤하다.   새콤하다.   짭짤하다.
달다.   시다.   달짝지근하다.   매콤하다.
맵다.   시큼하다.   짭조름하다.   짜다.

음식을 표현하는 또 다른 말을 〈보기〉에서 골라 써 보세요.

1. 이 땅콩은 아주 　고소하다.

2. 아침에 먹은 북어국이

3. 매운 고추가 들어가서 국이

4. 마른 오징어가 너무

5. 스테이크 고기가 많이

6. 찹쌀떡이

7. 생선 조림에 있는 무가 아주

8. 젤리가 아주

9. 누룽지를 끓이니 아주

10. 길에서 먹는 어묵 국물이

〈보기〉
고소하다.　　　구수하다.　　　시원하다.　　　뜨끈하다.
칼칼하다.　　말랑말랑하다.　　딱딱하다.　　물컹하다.
질기다.　　　걸쭉하다.　　쫀득쫀득하다.

앞의 두 글마중은 맛있게 먹은 음식에 관한 글입니다. 여러분도 좋아하는 음식에 관해 선생님과 이야기해 보고 간단히 적어 보세요.

좋아하는 음식	
언제 누구와 먹었나요?	
음식의 모양	
음식의 맛과 느낌	
좋아하는 이유	

선생님께 한마디　이야기를 나누며 간단한 단어나 짧은 문장으로 개요를 쓰도록 합니다. 어려움을 느낄 땐 아이가 한 말을 그대로 선생님이 대신 적어주어도 좋습니다. 개요를 바탕으로 글을 쓸 수 있도록 도와주세요.

뽐내기

 앞에서 좋아하는 음식에 관해 선생님과 이야기를 나눈 것을 기초로 글을 써 보세요. 글마중처럼 음식의 맛과 느낌을 생생하게 적으면 좋겠지요.

제목:

심부름

    할머니가 우리에게 심부름을 시켰다. 그 심부름이 뭐냐면 시장에 가서 감자를 사 오는 거였다. 시장 길이 너무 많아 우린 감자를 파는 가게가 어디 있는 줄 몰랐다. 그래서 자꾸 같은 자리를 맴돌게 되었다. 거기에 있던 야채를 파는 할머니가 우리에게 말을 걸었다.

    "정신없게 왜 계속 맴도노?"

    "감자를 어디서 파는지 몰라서요."

    "그거 요기 팔아. 우리 집 감자 사. 내가 싸게 해 줄게."

    "고맙습니다."

    난 감자를 들고 시장을 나왔다. 집에 가까워지자 난 빨리 도착하려고 힘껏 뛰었다. 그런데 감자를 넣은 봉지가 허전했다. 봉지를 보니 봉지에 구멍이 뚫려 버렸던 것이다. 나는 도로에 흩어져 있는 감자를 힘들게 주웠다. 난 드디어 우리 집에 도착했다. 난 꼭 먼 여행을 갔다 온 것 같았다.

★ **맴도노?** : 맴도니?

★★ **요기** : 여기

- 영덕 영해초 3학년 남연주

「이빨 뺀 날 (우리교육)」에시 발췌

글마중을 읽고 알맞은 답을 쓰세요.

1. 무엇에 대해 쓴 글인가요?

_____

2. 시장에서는 어떤 어려움을 겪었나요?

_____

3. 집에 오면서 또 어떤 어려움을 겪었나요?

_____

4. 왜 먼 여행을 다녀 온 것 같다고 말했을까요?

_____

5. 글마중에서 가장 재미있는 표현을 찾아 밑줄을 긋고 왜 재미있는지 써 보세요.

_____

6. 여러분도 심부름을 해 본 적이 있나요? 어떤 심부름을 했는지 적어 보세요.

_____

엄마와 나물

엄마가 "나물 캐러 가자." 했다. 나물이 우리 밭에 있다. 엄마가 시범으로 칼을 들고 나물을 잘랐다. 나도 엄마 따라 했는데, 자꾸 엄마가 "아니야, 틀렸어." 한다. 마음이 조마조마하다. 나물이 노력만큼 봉지에 가득 들었다.

"나 했으니까 할아버지한테 가자."

다음은 밭 이불 덮어주기. 비닐을 씌워 주는데, 나는 비닐을 꼭 잡는 일을 했다. 장난으로 비닐을 손가락으로 쿡 찔렀더니 구멍이 났다.

'어게야, 큰일 났네!'

조그만 돌멩이로 감췄는데 삼촌이 봤다.

"이것 봐."

나는 모른 척했다. 허리가 좀 쑤시다. 엄마는 우리 일 도와 준다더니 아기가 운다고 돌봐 주고, 풀 뽑아서 토끼 준다.

- 양양 공수전분교 3학년 김혜진
「이빨 뺀 날 (우리교육)」에서 발췌

월   일   요일   확인

 글마중을 읽고 알맞은 답을 쓰세요.

1. 무엇에 대해 쓴 글인가요?

_____

2. 어떤 일을 도와 드렸나요?

_____

3. 엄마가 "아니야, 틀렸어."라고 말하면 왜 마음이 조마조마했을까요?

_____

4. 비닐을 덮는 일을 할 때 나는 무슨 실수를 했나요?

_____

5. 글쓴이의 느낌이 잘 담겨있는 문장에 밑줄을 치고 왜 그렇게 생각하는
   지 써 보세요.

_____

6. 이 글에서 가장 재미있는 장면은 무엇인지 써 보세요.

_____

7. 일을 도와드릴 때 실수를 한 적이 있나요? 어떤 일이었는지 써 보세요.

밑줄 친 낱말에 반대되는 낱말을 넣어 문장을 완성해 보세요.

1. 선물을 <u>주었더니</u> 동생이 좋아하며 │ 받았다. │

2. 우리는 영화를 보며 <u>울다가</u> │   │ 했다.

3. 나는 집에서 <u>나오는데</u> 엄마는 집에 │   │

4. 바람에 <u>흩어진</u> 종이를 │   │

5. 그 문제의 답을 나만 <u>모르고</u> 다른 친구들은 다 │   │

6. 내가 <u>감추어</u> 놓은 과자를 동생이 │   │ 먹었다.

7. 우리 집에서 학교는 <u>가깝고</u>, 도서관은 │   │

8. 아빠가 <u>심어놓은</u> 열무가 자라, 우리가 가서 │   │

9. <u>떠들고</u> 있는 우리에게 선생님께서 │   │ 하셨다.

10. 퀴즈를 푸는데 동생은 <u>틀리고</u> 나는 │   │

11. 10시에 <u>출발</u>했는데 오후 3시나 되어서 │   │ 했다.

12. 요새 채소는 <u>싸고</u> 고기는 │   │

13. 열심히 나물을 캤더니 <u>비어있던</u> 바구니가 │   │

14. 허리를 <u>웅크리고</u> 있었더니 아파서 쭉 │   │

앞의 두 글마중은 부모님을 도와드린 일을 자세히 써서 재미있는 글이 되었습니다. 여러분도 부모님을 도와드린 일을 선생님과 이야기해 보고 간단히 적어 보세요.

도와드린 일	
그 일을 하는 방법	
도와드리며 생긴 일	
도와드렸더니 부모님이 하신 말씀	
도와드리며 드는 생각	

 선생님과 이야기 나눈 것을 바탕으로 부모님 도와드린 일을 글로 써 보세요. 도와드린 방법과 부모님이 하신 말씀을 자세히 쓰면 재미있는 글이 됩니다.

제목:

차별

　엄마와 아빠는 나를 차별한다. 대영이는 가시가 목에 걸려 식탁에 두 번씩이나 뱉었고 엄마가 다 치워줬다. 그런데 나보고 엄마는 "빨리 치워. 더러워 죽겠어." 하고 소리를 질렀다.

　내 눈에서 눈물이 조금씩 흘러 내렸다. 아빠는 왜 우냐고 하면서 이마를 때렸다. 난 억울해서 운 건데. 난 엄마랑 아빠가 나와 동생을 차별하는 것 같다.

　'휴, 대영이만 좋아하고.'

　나도 좋아했으면 좋겠다. 차별은 정말 싫다. 정말로. 차별은…….

빨리 치워. 더러워 죽겠어.

- 인천 용현남초 3학년 김가영
「놀고 싶다 (우리교육)」에서 발췌

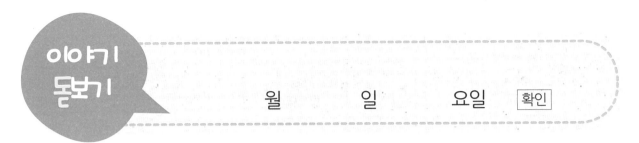

 글마중을 읽고 알맞은 답을 쓰세요.

1. 가영이는 엄마, 아빠가 자기를 어떻게 대한다고 생각하나요?

   <u>동 생 과   </u>

2. 가영이는 엄마와 아빠가 왜 차별한다고 생각하나요? (,   )

   ① 엄마가 동생이 운다고 야단쳐서
   ② 엄마가 동생 생선가시만 치워주고 내 생선가시는 치우라고 해서
   ③ 아빠가 운다고 이마를 때려서
   ④ 동생이 늘 잘하기 때문에

3. 글쓴이의 느낌이 생생하게 살아있는 문장을 찾아 써 보세요.

   _____

4. 여러분도 가영이처럼 차별을 받는다고 생각한 적이 있나요? 누구에게
   차별받았다고 생각하는지, 왜 그렇게 생각하는지 적어 보세요.

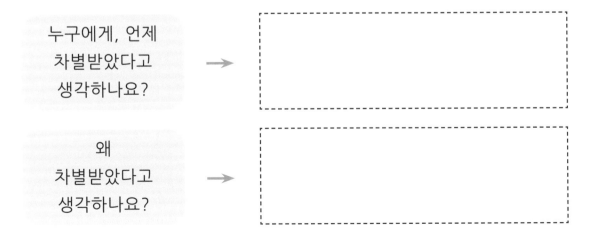

누구에게, 언제 차별받았다고 생각하나요? →	
왜 차별받았다고 생각하나요? →	

벌

　오늘 학교에서 몇째 시간인지 모르는데 반장 어머니께서 오셨다. 그런데 우리들이 떠들어서 벌을 받게 되었다.

　나는 아이들에게 조용하라고 말렸는데 조용하지 않은 아이 때문에 우리 반 모두 '앞으로 나란히'를 하였다. 우리 반 중에서도 떠들지 않은 아이도 있었고 나도 떠들지 않았다. 선생님은 우리 마음도 모르는 것 같다.

　나는 35분이 지나간 줄 알았는데 선생님께서는 이제 겨우 5분이 지나갔다고 하였다. 그 소리를 들으니 너무 속상하였다. 선생님은 우리를 가르쳐주며 모든 힘을 바쳐서 공부를 시키지만 선생님은 우리 마음을 모른다. 선생님이 우리 마음을 모르니 기분이 속상한데다가 너무 미웠다.

- 대구 금포초 1학년 손희영
「내가 처음 쓴 일기 (보리)」에서 발췌

 글마중을 읽고 알맞은 답을 쓰세요.

1. 희영이네 반은 왜 벌을 받게 되었나요?

_____

2. 희영이네 반은 어떤 벌을 받게 되었나요?

_____

3. 희영이는 벌을 받으며 어떤 마음이 들었나요?

_____

4. 희영이가 특히 더 억울하고 속상한 이유는 무엇일까요? (,   )

   ① 떠들지 않은 애들도 있었는데 모두 벌을 받아서
   ② 조금 소란스러운 것뿐인데 벌을 받아서
   ③ 팔이 너무 아파서
   ④ 선생님께서 우리 마음을 몰라줘서

5. 여러분이 희영이가 되어 선생님께 하고 싶은 말을 써 보세요.

낱말 창고

 밑줄 친 낱말을 비슷한 말로 바꾸어 문장을 써 보세요.

1	갓 피어난 꽃이 정말 <u>예쁘다</u>. ➡ 갓 피어난 꽃이 정말 아름답다.
2	아빠가 나와 내 동생을 차별하니 정말 <u>속상했다</u>. ➡
3	밖에서 놀다 들어온 동생의 발이 정말 <u>지저분했다</u>. ➡
4	화가 난다고 친구를 <u>때려서는</u> 안 된다. ➡
5	우리들이 너무 <u>소란스러워서</u> 선생님께서 화가 나셨다. ➡
6	<u>아우</u>와 형은 함께 밭을 일구었다. ➡
7	선생님께 칭찬을 받아서 정말 <u>기뻤다</u>. ➡
8	내 마음을 몰라주는 엄마가 너무 <u>원망스러웠다</u>. ➡
9	도로에 흩어져 있는 감자를 <u>힘들게</u> 주웠다. ➡

앞의 두 글은 속상했던 일을 적은 것입니다. 속상한 일을 글로 적으면 마음이 풀리기도 합니다. 여러분은 어떤 일로 속상했나요? 선생님과 이야기해 보고 간단히 적어 보세요.

누구와 어떤 일이 있었나요?	
가장 섭섭했던 말이나 행동	
내 마음은 어땠나요?	
바라는 점	

뽐내기

선생님과 이야기 나눈 것을 바탕으로 속상했던 일에 대해 글을 써 보세요. 섭섭했던 말이나 행동, 그에 대한 느낌을 자세히 쓰면 재미있는 글이 됩니다.

제목:

까치와의 전쟁

　전깃줄 위의 까치집을 허물었다. 지으면 또 허물었다. 까치집이 전기 합선을 일으켜 자꾸 사고를 냈다. 까치들은 힘을 합쳐 부서진 집을 밤낮으로 다시 지었다. 까치와 몇 달을 싸웠지만 도저히 당해 낼 수가 없었다.

　나중에는 까치들이 아예 철사나 못을 구해 집을 지었다. 전기 기술자들이 놀라 자빠질 일이었다. 그제야 전기 기술자들이 전봇대 아래편에 까치집을 정성들여 지어 주었다.

　그 말을 들으니 웃음이 나왔다. 영리한 까치들 같으니.

- 「김영환 시집: 농 먹는 아빠 (산하)」 발췌

글마중을 읽고 알맞은 답을 쓰거나 고르세요.

1. 전깃줄 위의 까치집 때문에 어떤 문제가 생겼나요?

_____

2. 사람들이 까치집을 허물면 까치들은 어떻게 했나요?

_____

3. 까치들이 더 이상 집을 짓지 않게 된 까닭은 무엇인가요?

_____

4. 왜 '영리한 까치들 같으니.'라고 말했을까요? ·················· (   )

   ① 까치들이 철사나 못으로 집을 지어서
   ② 사람들이 좋은 집을 지어주게 만들어서
   ③ 사람들에게 피해를 주어서
   ④ 까치들이 하는 짓이 귀여워서

5. 글에서 재미있는 표현을 찾아 밑줄을 긋고 왜 재미있는지 쓰세요.

_____

6. 길에서 곤충이나 새를 관찰하고, 그것들이 움직이는 모습을 써 보세요.

┌··┐
│   │
│   │
│   │
│   │
└··┘

병아리와의 이별

　식목일 날, 한 달 동안 길러 제법 통통한 병아리 두 마리를 호주머니에 넣어 가지고 저수지 옆에 있는 동막골로 갔다. 이제는 병아리를 그곳 닭장에다 주고 집에서 기를 수 있는 강아지를 사다 기르기로 아빠와 약속했다.

　'토종닭'이라 쓰인 간판이 마음에 걸렸지만 언제나 병아리를 데리고 살 수는 없는 일이니까. 동막골 닭장에 병아리 두 마리를 내려놓고 돌아서는데 계속 눈물이 흘러내렸다. 병아리들은 이곳 닭장에서 잘 지낼 수 있을까?

　집에 돌아와 저녁 내내 하늘이와 내가 졸랐다.

　"강아지 안 사고 병아리 다시 데려올래요."

　아빠도 어쩔 수 없는지 허락해 주셨다. 우리는 박수를 치며 좋아했다. 다시는 병아리를 보내지 말아야지. 저녁에 병아리들을 데려왔는데 오랜만에 만난 것처럼 반가웠다.

　병아리야, 미안하다. 다시는 너희를 버리지 않을게. 그렇지만 나도 알고 있다. 언제까지 병아리와 함께 살 수 없다는 것을…. 하지만 조금 더 키운 뒤 보낸다면 이번처럼 눈물이 안 날 것이라고 생각했다.

- 「김영환 시집: 똥 먹는 아빠 (산하)」 발췌

. 월   일   요일   확인

 글마중을 읽고 알맞은 답을 쓰거나 고르세요.

1. 왜 동막골 닭장에 병아리를 주고 왔나요?

_____

2. 병아리를 놓고 오는데 왜 계속 눈물이 났을까요? (,   )

　① 병아리와 헤어지는 것이 너무 섭섭해서
　② 병아리를 준 것이 너무 아까워서
　③ 그곳에서 잘 지낼 수 있을지 걱정되어서
　④ 병아리 때문에 눈이 아파서

3. 집에 와서 아빠에게 어떻게 해달라고 졸랐나요?

_____

4. 병아리를 다시 데려오니 마음이 어땠나요?

_____

5. 마음속으로 병아리에게 어떤 약속을 했나요?

_____

6. 글쓴이의 마음이 잘 드러난 곳을 찾아 밑줄을 치고 어떤 마음이었는지
써 보세요.

_____

7. 여러분이 글쓴이와 같은 일을 겪었다면 어떻게 했을지 써 보세요.

_____

낱말 창고

 다른 낱말을 포함하는 낱말을 골라 작은 칸에 적고, 그 낱말에 포함되는 낱말들을 찾아 아래에 적으세요.

호랑이	동물	당근	엄마	할머니	토끼	오이
채소	말	선풍기	냉장고	오빠	기린	가지
토마토	세탁기	학교	날씨	비	할아버지	천둥
코끼리	도서실	보건실	부엉이	번개	태풍	양배추
동생	가전제품	선생님	학생	시금치	개	아버지
텔레비전	가족	양파				

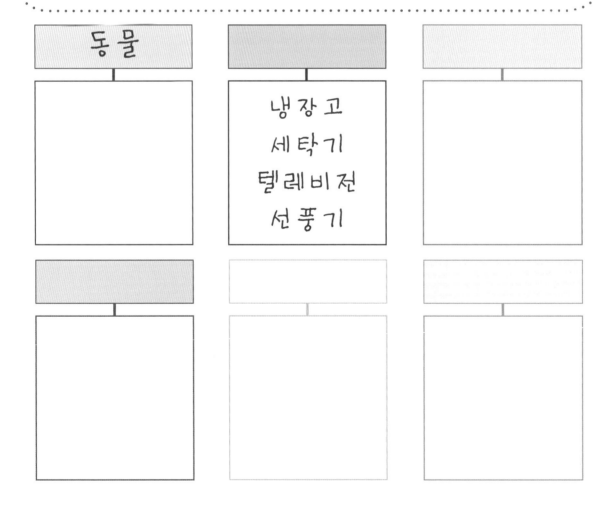

동물		
	냉장고 세탁기 텔레비전 선풍기	

앞의 세 글마중은 반려동물이나 주변에서 볼 수 있는 동물에 관한 글입니다. 동물을 키워본 경험이나 주변에서 관찰한 경험에 대해 선생님과 이야기해 보고 아래에 간단히 적어 보세요.

키웠거나 관찰한 동물	
그 동물의 특징 (생김새, 습관 등)	
그 동물과 관련되어 기억에 남는 일	
그 일을 겪으며 한 생각	

선생님과 주변 동물에 관해 이야기 나눈 것을 바탕으로 글을 써 보세요. 동물의 모습이나 행동, 관련된 일을 자세히 쓰면 재미있는 글이 됩니다.

제목:

결혼기념일

토요일이 엄마, 아빠의 결혼기념일이다.

아빠가 꽃과 수박을 가지고 오면서 엄마께 말씀하셨다.

"당신은 꽃처럼 아름답고 수박처럼 동글하다."

나는 너무 웃겨서 웃음을 참을 수가 없어 결국 웃음을 터뜨리고 말았다. 아빠는 집으로 오자마자 결혼기념일 이야기를 꺼냈다. 나는 아빠 말속으로 끼어들었다. 참 신났다. 저녁에는 아빠가 사 주신 꽃을 그렸다.

- 거창 아림초 2학년 박채연
「이빨 뺀 날 (우리교육)」에서 발췌

 아빠가 말한 부분을 찾아 밑줄을 치고 느낌을 살려 읽어 보세요.

 글에서 재미있는 부분을 찾고 재미있는 이유를 말해 보세요.

선생님께 한마디 말한 부분을 옮겨 쓰면 재미있고 생생한 글이 됨을 알려주세요..

방석

아빠가 "방석 빨 사람?" 하니까 성택이 오빠가 손을 번쩍 들었다. 아빠가 방석 껍데기를 주었다. 성택이 오빠는 얼른 수돗가로 달려가 방석을 빨았다. 방석 껍데기만 빠는 줄 알았는데 속에 있는 솜도 가져가서 빨아 버렸다. 아빠가 성택이 오빠보고 말했다.

"야, 너 껍데기만 빨아야지 속까지 빨아서 못쓰게 됐잖아. 목욕탕 가서 때만 벗겨야지 너는 간이랑 콩팥까지 다 씻냐?"

성택이 오빠는 손을 엉덩이 뒤로 놓으면서 눈을 째려보았다.

- 양양 공수전분교 1학년 탁솔애
「이빨 뺀 날 (우리교육)」에서 발췌

 아빠가 말한 부분을 찾아 밑줄을 치고 느낌을 살려 읽어 보세요.

 글에서 재미있는 부분을 찾고 재미있는 이유를 써 보세요.

대청소

집에서 놀고 있는데 아빠가 오셨다.

"아빠, 우리 청소할게."

난 어쩔 수 없이 말했다. 왜냐하면 방이 더러워서 아빠에게 혼이 날 수도 있었기 때문이다. 게다가 아빠가 상을 주신다고 하여서 기분이 솟아 더 열심히 하려고 다짐했다.

"너네, 머리카락 하나라도 있으면 몽둥이로 맞는다."

맨 처음으로 한 것은 방을 쓸고, 두 번째는 방을 닦는다. 세 번째는 장난감을 치웠고 아무튼 할 일이 많았다. 우린 아빠한테 상을 받으러 갔다.

"아빠, 상 주세요."

일단 민경이부터 "아이구, 착하다." 하고 이번엔 나에게 "아이구, 착하다."라고 말하셨다.

"아빠, 언제 상 줘?"

"상? 아까 그 말이 상인데?"

아마도 아빠는 우리에게 아무것도 주지 않으려고 했나 보다.

- 영덕 영해초 3학년 남연주
「이빨 뺀 날 (우리교육)」에서 발췌

 대화를 한 부분을 찾아 밑줄을 치고 느낌을 살려 읽어 보세요.

글마중을 읽고 알맞은 답을 고르거나 쓰세요.

1. 글쓴이는 왜 어쩔 수 없이 청소를 한다고 했나요?

_____

2. 글쓴이는 왜 청소를 열심히 했나요? ·····················(   )

    ① 집이 너무 더러워서   ② 아빠가 상을 주신다고 해서
    ③ 엄마가 오실 거라서   ④ 청소가 재미있어서

3. 아빠는 글쓴이에게 청소를 깨끗이 하라는 뜻으로 뭐라고 하셨나요?
    "   "

_____

4. 아빠는 글쓴이에게 어떤 상을 주셨나요? ·················(   )

    ① 머리를 쓰다듬어 주셨다.
    ② 사탕을 주셨다.
    ③ "아이구, 착하다."라고 말씀하셨다.
    ④ 재미있게 놀아주셨다.

5. 아빠가 칭찬만 해주자 글쓴이는 어떤 생각을 했나요?

_____

6. 글쓴이가 아빠에게 하고 싶은 말은 무엇이었을까요?

_____

7. 이 글에서 글쓴이의 마음이 잘 담겨있는 표현을 찾아 써 보세요.

_____

앞의 세 글마중은 말한 것을 따옴표 안에 그대로 옮겨 생생하게 썼습니다. 여러분도 누군가와 어떤 일을 겪으면서 내가 한 말, 상대방이 한 말을 기억해서 간단히 적어 보세요.

누구와 어떤 일이 있었나요?	
말하기 전에 있었던 일	
기억에 남는 말	
그 말을 들은 느낌	

 겪은 일과 관련하여 주변 사람들이 한 말을 잘 기억해서 쓰면 생생한 글이 됩니다. 앞에서 적은 말을 중심으로 재미있게 글을 써 보세요.

제목:

 자연스러운 문장이 되도록 짝을 연결해 보세요.

내일은 •

• 은지를 만났어.

• 은지를 만날 거야.

어제 •

• 밤늦게까지 책을 읽었다.

• 밤늦게까지 책을 읽을 것이다.

할머니께 •

• 드릴 선물이야.

• 줄 선물이야.

은지 •

• 생일은 4월 17일이야.

• 생신은 4월 17일이야.

주문하신 피자 •

• 나오셨습니다.

• 나왔습니다.

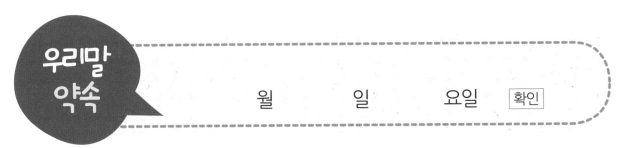
 자연스러운 문장이 되도록 짝을 연결해 보세요.

엄마가	우는 아기를 업었다.
	우는 아기를 업혔다.

아기가	엄마에게 업었다.
	엄마에게 업혔다.

아무리	기다려도 소식이 없었다.
	기다려도 소식이 들렸다.

비록	가난해서 행복하다.
	가난하지만 행복하다.

왜냐하면	늦잠을 잤기 때문이다.
	늦잠을 잤다.

월   일   요일   확인

 함께 써야 어울리는 말을 알아봅시다.

- 이 김치는 전혀 맵다. (X)
- 이 김치는 <u>전혀</u> 맵지 <u>않다</u>. (○)

- 너무 졸리다. 왜냐하면 점심 때 상추를 먹고 싶다. (X)
- 너무 졸리다. <u>왜냐하면</u> 점심 때 상추를 먹었기 <u>때문이다</u>. (○)

▶ **전혀 ~ 않다** ,   **왜냐하면 ~ 때문이다** ,   **결코 ~ 않다**

처럼 함께 써야 어울리는 말이 있습니다.

 알맞은 문장이 되도록 ○ 하세요.

〈예시〉		오늘은 비가 **전혀**	왔다.
			(오지 않았다.)
	나는 깜짝 놀랐다. **왜냐하면** 갑자기 커다란 개가		짖을 것이다.
			짖었기 때문이다.
	이번 시합에선 **결코**		실수하지 않겠다.
			실수하겠다.
	애벌레는 배가 **전혀**		불렀습니다.
			부르지 않았습니다.

함께 써야 어울리는 말을 알아봅시다.

만약 ~ 면	만약 회장으로 뽑아주신다면 열심히 일하겠습니다.
반드시 ~ 해야 한다	약속은 반드시 지켜야 한다.
아마 ~ ㄹ 것이다	아마 지금쯤 부산에 도착했을 것이다.

 알맞은 문장이 되도록 ○ 하세요.

	내일 **만약** 날씨가 [좋으면 / 좋으니까] 등산을 가자.	
	수영하기 전에 **반드시** 준비운동을 [해야 한다. / 해도 된다.]	
	구수한 냄새가 나는 것을 보니 오늘 아침은 **아마** [된장찌개였다. / 된장찌개일 것이다.]	
	만약 [어른이 된다면 / 어른이니까] 자동차를 운전하고 싶다.	
	자기 전에는 **반드시** 양치를 [했다. / 해야 한다.]	
	아마 저 매미는 [수컷이다. / 수컷일 것이다.]	

함께 써야 어울리는 말을 알아봅시다.

별로 ~ 않다	나는 과일을 <u>별로</u> 좋아하지 <u>않는다</u>.
아무리 ~ 도	순무를 <u>아무리</u> 당겨<u>도</u> 뽑히지 않았다.
절대로 ~ 않다	내일은 현장학습이니 <u>절대로</u> 지각하면 <u>안 됩니다</u>.

 알맞은 문장이 되도록 ○ 하세요.

	떡볶이가 **별로**	맵다. / 맵지 않다.
	옷을 **아무리** 많이	껴입어도 / 껴입어서 여전히 추웠다.
	절대로 119에 장난전화를 하면	안 된다. / 괜찮다.
	콩쥐가 **아무리** 물을	부어서 / 부어도 항아리는 차지 않았다.
	내일이 시험인데 **별로** 공부를	했다. / 하지 않았다.
	절대로 위험한 길에서 인라인을 타면	안 된다. / 재밌다.

함께 써야 어울리는 말을 알아봅시다.

비록 ~ 지만	<u>비록</u> 청군이 경기에서 졌<u>지만</u> 최선을 다했다.
마치 ~ 같다	날씨가 너무 더워서 <u>마치</u> 여름이 온 것 <u>같았다</u>.
왜냐하면 ~ 때문이다	<u>왜냐하면</u> 12시가 되면 마법이 풀리기 <u>때문이다</u>.

 알맞은 문장이 되도록 ○ 하세요.

	개미는 **비록** [작지만 / 작아서] 힘이 세다.
	새 탁구 라켓을 잡으니 **마치** 탁구 선수가 [된 것 같았다. / 되었다.]
	손은 비누로 씻어야 한다. **왜냐하면** 그래야 세균이 [없어지기 때문이다. / 없어질 것이다.]
	서진이는 **비록** 키는 [작지만 / 작아서] 씨름대회에서 우승을 했다.
	왜냐하면 거위가 낳은 것은 [황금알이었기 때문이다. / 황금알일 것이다.]
	하늘이 **마치** [바다이다. / 바다인 것 같았다.]

다음 중 어울리는 말을 골라 문장을 완성하세요.

1 오늘은 바람이 **전혀**

| 분다. |
| 불지 않는다. |

그래서 너무 덥다.

2 드디어 오늘은 맛있는 밥을 먹을 수 있다.

왜냐하면 오늘 엄마가 여행에서

| 돌아오시기 때문이다. |
| 돌아오시지 않는다. |

3 **만약** 내일 비가

| 오기 때문에 |
| 온다면 |

현장학습을 연기합니다.

4 음식을 먹기 전에는 **반드시** 손을

| 씻어도 된다. |
| 씻어야 한다. |

5 윤혜는 **비록**

| 어리지만 |
| 어리기 때문에 |

매우 어른스럽다.

6 다음 주에는 **아마** 화분에서 싹이

| 나올 거야. |
| 나왔어. |

7 내일 아침엔 **결코** 늦잠을

| 자겠다. |
| 자지 않겠다. |

다음 중 어울리는 말을 골라 문장을 완성하세요.

1 바람에 날리는 언니의 머리카락이 **마치**

비단이다.
비단결 같았다.

2 나는 **별로** 옥수수를

좋아한다.
좋아하지 않는다.

3 **아무리** 우유를 많이

먹어도
먹어서

언니처럼 키가 크지 않는다.

4 친구한테 화가 나도 **절대로** 폭력을 쓰면

된다.
안 된다.

5 **만약** 눈이

온다면
오기 때문에

학교에 못 갈 것이다.

6 **아마** 우리 반 여자들 중에 내 손이 제일

클 거야.
크기 때문이야.

7 키가 크려면 성장 호르몬이 나오는 밤 10시에서 새벽 2시

사이에는 **반드시**

자야 한다.
사노 된다.

다음 글에서 어색한 부분을 찾아 밑줄 긋고 바르게 고쳐 쓰세요.

〈예시〉

오늘 급식에서 비빔밥이 나왔다.

나는 나물을 **별로** 좋아하지만, 비빔밥에 들어있는 것은 맛있다.

참 이상하다.

별로 좋아하지 않지만

　엄마랑 오빠랑 윤중로에 벚꽃 구경을 갔다. 사람들이 너무 많아

서 사람 구경을 온 것 같았다.

　바람이 부니 벚꽃이 날렸다. **마치** 눈이 내린다. 벚꽃 눈을 맞는

사람들은 모두 행복해 보였다.

준현아.

오늘 체육 시간에 너를 밀어서 미안해.

나는 네가 좋아서 안아주려고 한 건데 내가 힘이 좀 셌나봐.

앞으로는 **절대로** 세게 밀게.

다음 글에서 어색한 부분을 찾아 밑줄 긋고 바르게 고쳐 쓰세요.

지나가는 개미를 함부로 밟으면 안 된다.

왜냐하면 모든 생명은 소중할 것이다.

오늘은 엄마 생신이다.

나는 동생과 용돈을 모아 머리핀을 샀다. 더 크고 예쁜 머리핀을 사고 싶었지만 돈이 모자라서 작은 것으로 샀다.

하지만 엄마는

"혜원아, 윤혜야, 정말 고마워. 엄마가 잘 쓸게."

라고 말씀 하셨다.

비록 작은 선물이어서 엄마는 무척 기뻐하셨다.

내 얼굴에 있는 점

글마중

　나는 늘 내 얼굴에 점이 있어 걱정이다. 눈 위에 점이 있다. 엄마는 눈 위에 점이 있으면 복점이라고 하는데 내가 그걸 얼마나 싫어하는지 아무도 모른다. 정말 점을 좀 뺐으면 좋겠다. 점을 빼려면 병원에 가야한다. 아프기도 하고 돈도 없다. 그래서 난 일부러 점을 안 보이게 하려고 앞머리로 점을 가린다. 아무리 점을 가린다 해도 바람이 불면 앞머리가 휭 날려서 점이 다 보인다. 눈곱만한 점이라도 나는 그 점이 너무나도 싫다. 그래서 나는 그 점이 다른 사람한테 날아가 딱 붙었으면 좋겠다. 하지만 점에게 손이 달렸나 발이 달렸나 눈이 달렸나. 에휴! 진짜 점을 빼고 싶다.

한번은 엄마한테 이렇게 물어본 적이 있다.

"엄마, 나도 오빠처럼 눈 위 점 빼 줘, 응?"

"안 돼. 초등학생이 무슨 그런 멋을 낼려고 그래!"

나는 그때,

'지금은 안 되겠구나. 내가 나중에 어른 돼서 알바를 하든지 직장을 잡든지 선생님이 되든지 해서 내 손으로 직접 벌어 빼야지. 어휴! 이 점 좀 날아가라!'라고 생각했다.

나는 거울을 보고 점을 손으로 짜려고 해도 절대 안 된다. 내 피부만 아플 뿐이다.

(중간 생략)

다른 점은 괜찮은데 얼굴에 있는 이 점만은 너무 싫다. 내가 죽기 전에는 꼭 이 점을 뺄 것이다.

- 4학년 여자아이
「엄마 아빠, 나 정말 상처받았어! (보리)」

★ **알바** : '아르바이트'의 줄임말. 돈을 벌기 위해 하루에 몇 시간 정도 일하는 것.

월   일   요일   확인

 글마중을 읽고 알맞은 답을 고르거나 쓰세요.

1. 글쓴이는 무엇 때문에 고민하고 있나요?

    _____

2. '복점'은 무슨 뜻일까요? ······································· (   )

    ① 기분 나쁜 점   ② 복숭아 모양의 점
    ③ 복을 가져다주는 점   ④ 못생긴 점

3. 글쓴이의 기분과 어울리는 말 <u>두 가지</u>를 찾아 보세요. (,   )

    ① 걱정스럽다   ② 다행스럽다
    ③ 자랑스럽다   ④ 속상하다

4. 이 글에서 재미있게 표현한 부분을 찾아서 파란색으로 밑줄을 그어 보세요.

5. 글쓴이의 속마음을 글로 적은 부분(작은따옴표' ' 안에 있는 말)을 찾아서 노란색으로 밑줄을 그어 보세요.

6. 다음 중 글쓴이의 생각과 어울리지 <u>않는</u> 것은 무엇인가요? (   )

    ① 눈 위에 있는 점이 안 보이게 가리고 싶다.
    ② 점이 다른 사람에게 날아가버렸으면 좋겠다.
    ③ 오빠는 점 빼줬는데 나는 왜 안 된다고 할까?
    ④ 크고 나면 이 점도 괜찮아질 것 같다.

우리의 기분을 나타내는 표현은 매우 많습니다. 기분이 항상 좋기만 한건 아니죠? 마음이 불안하거나 걱정스러울 때도 있습니다. 다음 표 안에 있는 여러 가지 표현을 읽어보고, 아래 문장의 빈칸에 적절한 표현을 골라 보세요.

〈보기〉

불안하다	불편하다	떨린다
긴장된다	초조하다	속상하다
괴롭다	당황스럽다	짜증난다
걱징된다 (걱정스럽다)	부담된다 (부담스럽다)	고민된다 (고민스럽다)

1. 내일 줄넘기 시험을 보는 날이라서 ＿＿＿＿＿＿＿＿＿＿＿＿.

2. 애들이 자꾸 나보고 키 작다고 놀려서 ＿＿＿＿＿＿＿＿＿＿＿.

3. 발표회가 얼마 안 남아서 ＿＿＿＿＿＿＿＿＿＿＿＿＿＿.

4. 오늘 너무 늦게 일어났다. 지각할까봐 ＿＿＿＿＿＿＿＿＿＿.

5. 엄마가 시험 잘 보라고 해서 ＿＿＿＿＿＿＿＿＿＿＿＿＿.

6. 자다가 무서운 꿈을 꿀까봐 ＿＿＿＿＿＿＿＿＿＿＿＿＿.

7. 색칠 시작도 못 했는데 미술 수업이 끝나가서 ＿＿＿＿＿＿＿.

선생님께 한마디 〈보기〉에 제시된 표현 중에서 뜻을 잘 모르거나 익숙하지 않은 것은 학생과 함께 사전을 찾아 보세요. 정답이 하나만 있는 문제는 아닙니다.

월   일   요일   확인

 아래 <예시>처럼 알맞은 문장을 완성하세요.

<예시>

나는 ___**받아쓰기 할**___ 때 떨린다.

1. 나는 _____ 때 떨린다.

2. 나는 _____ 이(가) 걱정된다.

3. 나는 _____ 속상하다.

4. 나는 _____ 불편하다.

5. 나는 _____ 불안하다.

6. 나는 _____.

선생님께 한마디 아이들에게 바로 써보라고 하면 어려워할 수도 있습니다. 질문을 통해 경험을 이야기하는 시간을 갖고 나서 말한 내용을 바탕으로 쓰는 것이 좋습니다.

글마중의 글쓴이는 눈 위에 있는 점 때문에 고민하고 속상해합니다. 여러분도 겉모습(얼굴, 키, 몸무게 등)이 마음에 안 들거나 고민될 때가 있나요? 혹시 다른 사람이 내 몸이나 겉모습을 두고 놀린 적이 있나요? 여러분의 경험을 떠올려보며 이야기해보고 간단히 적어 보세요.

어떤 부분이 마음에 안 드나요?	
왜 마음에 안 드나요?	
그와 관련해서 겪은 일을 써 보세요.	

월   일   요일   [확인]

 내 몸이나 겉모습에 대해 앞에서 간단히 적은 내용을 바탕으로 글을 써 보세요. 큰따옴표(" ")와 작은따옴표(' ')를 써서 다른 사람이 한 말이나 내 마음 속 생각을 생생하게 적어 보세요.

제목:

시험은 다가오는데
내 머리는 텅텅 비었다

글마중

서늘하다. 추워서 새도 안 날아 다닌다. 전깃줄에 가만히 앉아 있다. 시험이 다가온다. 날이 갈수록 내 앞으로 다가온다. 나는 수학 문제 푸는 방법 찾기를 도저히 이해 못 하겠다. 문제를 읽고 나면 '뭐야, 이거!' 이 생각부터 난다. '내가 왜 이런 어려운 문제를 풀까?'하는 생각도 든다. 내 머리는 텅텅 비었다. 수학 문제 앞에만 서면 나는 바보가 된다. 점점 점 작아져 난쟁이가 된다.

엄마도 내가 걱정이 되는지 "너 공부해. 수인이는 열 시 반까지 공부한다더라. 너는 뭐야?" 한다. 수인이는 엄마 친구 딸인데 열 시 반까지 공부한다니 정말 안 됐다. 나는 듣고만 있어도 미친다, 미쳐. 또 엄마는 잔소리도 많아졌다.

"숙제 했니?"

"숙제 없어."

"그럼 공부 좀 했니? 문제집 풀었니?"

"네."

"일기 좀 써라."

"쓰면 되잖아요."

듣기 싫다. 귀 막아도 들린다. 이게 다 시험 때문이다.

정말 시험만 없으면 되는 거다. 시험이 다가오니까 엄마가 이상하다. 자꾸만 비교하고 잔소리도 많이 한다. 엄마도 내가 시험 못 볼까봐 긴장되나 보다. 아빠하고 엄마는 아주 딴판이다. 아빠는 신경도 안 쓴다.

이 시험 두 글자 때문에 내가 왜 이래야 하지? 시험을 없애버리고 싶다. 시험이 없어졌으면 좋겠다. 내 소원은 첫째도 시험 안 보는 거요, 둘째도 시험 안 보는 거요, 셋째도 시험 안 보는 거다.

- 동해 망상초 4학년 강은비
「비교는 싫어! (우리교육)」

 아래와 같은 방법으로 글마중을 읽어 보세요.

① 앞쪽 대화 부분에서 글쓴이가 한 말과 엄마가 한 말을 구분해 봅시다. 글쓴이가 한 말은 파란색으로 밑줄 긋고, 엄마가 한 말은 빨간색으로 밑줄 그어 보세요.
② 친구나 선생님과 짝을 지어 글쓴이와 엄마의 대화를 실감나게 읽어 보세요.

글마중을 읽고 알맞은 답을 쓰거나 고르세요.

1. 글쓴이는 무엇 때문에 고민하고 있나요?

_____

2. 수학 문제에 대한 어려움을 재밌게 표현한 부분을 찾아서 초록색으로 밑줄 그어 보세요.

3. '수학 문제 앞에만 서면 나는 바보가 된다.'는 문장을 바꾸어봅시다. 여러분이 어렵게 생각하는 것은 무엇인가요?

' 나는 _____ 앞에만 서면 바보가 된다.'

4. 글쓴이의 기분과 어울리지 <u>않는</u> 말을 찾아 보세요. ……… (   )

① 걱정된다   ② 기대된다   ③ 부담스럽다   ④ 긴장된다

5. 이 글의 내용과 <u>다른</u> 것을 고르세요. ……… (   )

① 시험이 다가오고 있다.
② 엄마의 잔소리가 많아졌다.
③ 아빠도 시험 결과에 관심이 많다.
④ 글쓴이는 시험이 없어지기를 바란다.

6. '소원'과 바꾸어 쓸 수 있는 낱말 두 가지를 고르세요. (,   )

① 바람   ② 걱정   ③ 소식   ④ 소망

7. 여러분은 무엇을 없애버리고 싶은가요?

_____

'소리'가 붙는 여러 가지 낱말을 알아봅시다.

잔소리 ➡ 듣기 싫게 자꾸 꾸짖거나 참견하는 말

큰소리 ➡ 크게 야단치는 소리, 잘난 체하면서 자신 있게 하는 말

딴소리 ➡ 지금 상황과 아무 관계없는 말,

　　　　　　 미리 정한 것이나 원래 뜻에 어긋나는 말

군소리 ➡ 쓸데없는 말, 못마땅해서 투덜거리는 말

쓴소리 ➡ 듣기에는 기분이 나빠도 도움이 되는 말

헛소리 ➡ 이치에 안 맞고 쓸데없는 말, 아파서 정신을 잃고

　　　　　　 중얼대는 말

 위에서 배운 낱말 중에서 빈칸에 어울리는 것을 골라서 적어 보세요.

1. 민수는 이번 시합에서 분명히 자기가 이길 거라고 ⬚ 쳤다.

2. 할머니가 제발 ⬚ 좀 그만했으면 좋겠다.

3. " 군 소 리 하지 말고 시키는 대로 해라."

4. "학급회의 시간에 자꾸 ⬚ 하지 마세요."

5. 수진이가 밤새 열이 많이 나더니 ⬚ 까지 했다.

6. "기분 나빠도 ⬚ 를 귀담아 들어야 좋아질 수 있어."

글마중의 글쓴이는 시험 때문에 힘들어 합니다. 여러분 마음을 힘들게 하는 일은 무엇인가요? 걱정되거나 고민되는 일, 스트레스 받는 일을 적어 보세요.

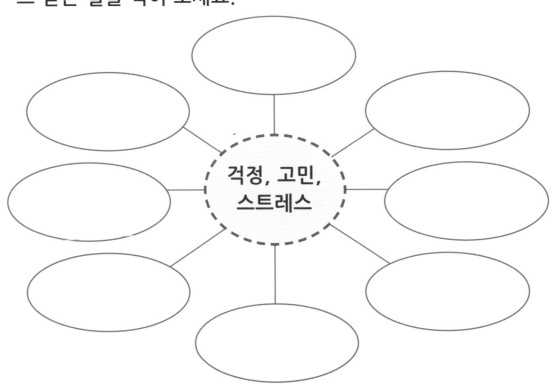

걱정, 고민,
스트레스

 위에 적은 일들 중에서 한 가지를 골라 자세히 써 보세요.

1. 그 일을 겪으면 어떤 기분이 드나요?

_____

2. 그 일 때문에 힘들어지면 어떤 행동을 하나요?

_____

3. 그 일을 어떻게 하고 싶나요?

_____

뽐내기

내 마음을 힘들게 하는 일에 대해 앞에서 적은 내용을 바탕으로 글을 써 보세요. <u>제목을 정할 때 잘 생각해 보세요.</u> 글마중의 글 쓴이는 '시험'이란 낱말 대신 '시험은 다가오는데 내 머리는 텅텅 비었다'는 문장으로 제목을 썼습니다. 자신의 마음을 잘 담아내는 제목을 생각해서 적어 보세요.

제목:

_____

_____

_____

_____

_____

_____

_____

선생님께 한마디   대개 아이들은 글을 쓰기 시작할 때 제목을 정합니다. 글을 다 쓰고 나서 어울리는 제목을 생각해도 좋다고 이야기해 주세요.

 다음 문장을 순서에 맞게 고쳐 쓰세요.

	냄새가 향긋한 납니다. ➡ 향긋한 냄새가 납니다.
	생일에 인형을 커다란 받았다. ➡
	영화를 보니 슬픈 눈물이 났다. ➡
	바위 위에서 사자는 커다란 낮잠을 잤다. ➡
	덜컹덜컹 창문이 낡은 흔들렸다. ➡
	제비의 심술궂은 뚝 놀부는 다리를 부러뜨렸습니다. ➡
	바람개비는 빠르게 알록달록한 돌아갔다. ➡

선생님께 한마디　문장 순서를 주의 깊게 보고 바르게 고쳐 쓸 수 있도록 해 주세요.

우리말 약속

 다음 문장의 잘못 쓰인 부분을 찾아 바르게 고쳐 쓰세요.

	꿀벌들<u>가</u> 춤<u>를</u> 춥니다. 　　↓　　↓ 　　이　　을
	철수은 민수보다 씨름를 잘 합니다.
	성묘하러 산에서 갔습니다.
	돌 틈에서 민들레 싹가 나왔다.
	철수이 다리에서 붕대을 감았다.
	양팔저울으로 무게을 비교해 보세요.
	황소은 등을 가려워 꼬리을 세차게 후려쳤어요.

선생님께 한마디　토씨를 알맞게 고쳐 쓸 수 있도록 해 주세요.

 다음 문장의 잘못 쓰인 부분을 찾아 바르게 고쳐 쓰세요.

	준현이는 보건실에 키을 쟀습니다. 에 서 를
	드레스을 입은 이모은 마치 천사인 것 같았습니다.
	엄마가 기뻐하실 것을 생각하니 기분가 좋았습니다.
	하루가 다르게 콩나물은 자라는 것을 보니 신기했습니다.
	저녁은 되니 서쪽 하늘에 붉게 물들었습니다.
	비빔밥는 외국인들만 좋아하는 우리나라 음식입니다.
	피노키오이 거짓말을 하니 코은 점점 길어졌습니다.

선생님께 한마디 토씨를 알맞게 고쳐 쓸 수 있도록 해 주세요.

 다음 문장의 잘못 쓰인 부분을 찾아 바르게 고쳐 쓰세요.

	어제 다리를 (다칠 것이다.) 다쳤다.
	우리 가족은 지난 토요일에 속초에 다녀온다.
	나는 커서 박지성 같은 훌륭한 축구선수가 되었다.
	내년에는 누나보다 내 키가 더 크다.
	현재 은수가 1등으로 달렸다.
	그저께 할머니 댁에서 강아지를 데려온다.
	다음 주 수요일에 현장학습을 갔다.

선생님께 한마디 시제에 맞게 풀이말을 고쳐 쓸 수 있도록 해 주세요.

 다음 문장의 잘못 쓰인 부분을 찾아 바르게 고쳐 쓰세요.

	일요일 저녁에 아빠(가) 김밥을 (만들어 주었다.) 　　　　　　　　께서　　만들어 주셨다.
	승현이는 떡볶이를 맛있게 잡수셨다.
	엄마가 직접 만든 도넛을 먹으니 더 맛있었다.
	외할머니가 오늘 우리 집에 왔다.
	외할머니 집은 부산이다. 할머니는 KTX를 타고 왔다.
	손님, 치킨 버거 세트 나오셨습니다.
	할머니에게 --------------- 은지가

 다음 문장의 잘못 쓰인 부분을 찾아 바르게 고쳐 쓰세요.

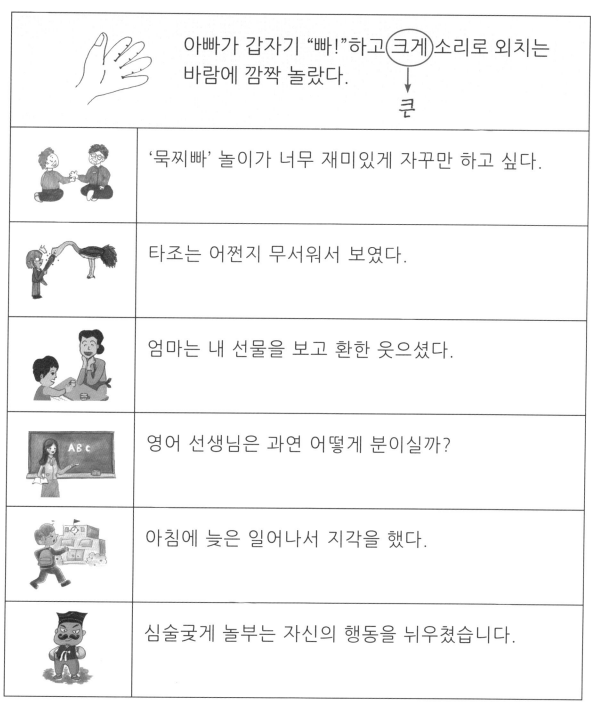

	아빠가 갑자기 "빠!"하고 ⓒ크게 소리로 외치는 바람에 깜짝 놀랐다. ↓ 큰
	'묵찌빠' 놀이가 너무 재미있게 자꾸만 하고 싶다.
	타조는 어쩐지 무서워서 보였다.
	엄마는 내 선물을 보고 환한 웃으셨다.
	영어 선생님은 과연 어떻게 분이실까?
	아침에 늦은 일어나서 지각을 했다.
	심술궂게 놀부는 자신의 행동을 뉘우쳤습니다.

선생님께 한마디 문장에 어울리게 꾸밈말을 쓸 수 있도록 지도해 주세요.

 다음 문장의 잘못 쓰인 부분을 찾아 바르게 고쳐 쓰세요.

 지난 금요일 을 5월 8일 '어버이 날'이겠다.

은

'어버이 날'이었다.

학교에서 할머니께 줄 카네이션 꽃과 카드을 만들었다.

빨간색와 초록색 부직포로 카네이션을 만들었는데, 별로 예뻤다.

저녁에서 할머니 집에서 우리 가족과 외삼촌 가족이 모두 모였다.

나는 할머니와 할아버지께 네가 만든 카네이션을 달아주었다.

할머니께서 "혜원아, 비록 예쁘구나. 고마워."라고 말했다.

할머니 얼굴이 꽃처럼 훨씬 피셔서 나도 뿌듯했다.

월   일   요일   확인

 다음 문장의 잘못 쓰인 부분을 찾아 바르게 고쳐 쓰세요.

준현이가 놀이터에 자전거를 차고 있었습니다. 　　　　　　　↓　　　　　　↓ 　　　　　　에서　　　　　타고
"준현아, 자전거 타자."
승기 말에 준현이은 얼른 자전거를 끌고 나왔습니까?
둘이는 함께 자전거를 타고 아파트를 돕니다.
그런데 오늘따라 승기 자전거가 전혀 빠릅니다.
준현이는 페달을 열심히 밟아 보지만 승기를 따라갈 수 있습니다.
"나, 토요일에서 아빠랑 연습하고 보조 바퀴 뗐다."

97p. 변희지(거창 아림초 2학년), 「봄」, 『이빨 뺀 날』, 이영근, 우리교육

99p. 김민규(김해 어방초 2학년), 「해물탕」, 『이빨 뺀 날』, 이영근, 우리교육

106p. 남연주(영덕 영해초 3학년), 「심부름」, 『이빨 뺀 날』, 이영근, 우리교육

108p. 김혜진(양양 공수전분교 3학년), 「엄마와 나물」, 『이빨 뺀 날』, 이영근, 우리교육

113p. 김가영(인천 용현남초 3학년), 「차별」, 『이빨 뺀 날』, 이영근, 우리교육

115p. 손희영(대구 금포초 1학년), 「벌」, 『내가 처음 쓴 일기』, 보리

120p. 김영환, 「까치와의 전쟁」, 『똥 먹는 아빠』, 산하

122p. 김영환, 「병아리와의 이별」, 『똥 먹는 아빠』, 산하

127p. 박채연(거창 아림초 2학년), 「결혼기념일」, 『이빨 뺀 날』, 이영근, 우리교육

128p. 탁솔애(양양 공수전분교 1학년), 「방석」, 『이빨 뺀 날』, 이영근, 우리교육

129p. 남연주(영덕 영해초 3학년), 「대청소」, 『이빨 뺀 날』, 이영근, 우리교육

143p. 4학년 여자아이, 「내 얼굴에 있는 점」, 『엄마 아빠, 나 정말 상처받았어!』, 이호철, 보리

150p. 강은비(동해 망상초 4학년), 「시험은 다가오는데 내 머리는 텅텅 비었다」, 『비교는 싫어!』,
      이영근, 우리교육